教融合背景下酒店管理专业人才培养模式研究

梁珊 著

郑州大学出版社

图书在版编目(CIP)数据

产教融合背景下酒店管理专业人才培养模式研究／梁珊著. — 郑州：郑州大学出版社，2023.9(2024.6 重印)

ISBN 978-7-5645-4635-9

Ⅰ.①产… Ⅱ.①梁… Ⅲ.①饭店－经营管理－人才培养－培养模式－研究 Ⅳ.①F719.2

中国国家版本馆 CIP 数据核字(2023)第 128536 号

产教融合背景下酒店管理专业人才培养模式研究
CHAN JIAO RONGHE BEIJING XIA JIUDIAN GUANLI ZHUANYE RENCAI PEIYANG MOSHI YANJIU

策划编辑	胥丽光	封面设计	王 微
责任编辑	樊建伟	版式设计	苏永生
责任校对	吴 静	责任监制	李瑞卿

出版发行	郑州大学出版社	地 址	郑州市大学路 40 号(450052)
出 版 人	孙保营	网 址	http://www.zzup.cn
经 销	全国新华书店	发行电话	0371-66966070
印 刷	廊坊市印艺阁数字科技有限公司		
开 本	710 mm×1 010 mm 1/16		
印 张	12	字 数	192 千字
版 次	2023 年 9 月第 1 版	印 次	2024 年 6 月第 2 次印刷

书 号	ISBN 978-7-5645-4635-9	定 价	68.00 元

本书如有印装质量问题,请与本社联系调换。

经过改革开放 40 多年的快速发展,中国的经济总量不断增大,站在更高起点上的中国,在新常态经济结构的变化下,必然引起行业变革、产业变革、技术变革,教育作为人才补给站,也必然会发生巨大的变革。

新常态下中国经济结构的不断发展变化,对我国高等教育的结构性变革提出了新的发展要求。据教育部高等教育司统计,截至 2022 年,中国已经建成了世界上最大规模的高等教育体系,在学总人数达到 4 430 万人,高等教育毛入学率从 2012 年的 30%,提高至 2021 年的 57.8%,提高了 27.8%,实现历史性跨越,高等教育进入了普及化发展阶段。中国高等教育普及化发展阶段一个突出特点是:地方高校和职业院校在我国高等教育的发展中,不论是高校数量,还是学生人数,比例远高于中央部属高校,是高等教育的主力军,也是我国高等教育普及化的重要支撑。

高等学校中的不同层次、不同学科之间的比例关系都要与一定的社会经济结构相适应,否则就会导致教育事业内部各种比例的失调。我国高等教育结构也要根据经济结构做出变化和调整,才能实现二者的良性循环。当下,一方面随着我国市场经济的转型升级和产业结构的调整,人才供需关系发生了深刻的变化,社会各界对理论知识扎实、实践能力强的高素质应用型人才的需求日益增加,而另一方面高校发展同质化、学生就业困难等问题,也一直困扰着我国的高等教育。如何通过产学研结合、校企合作为社会培养高素质、综合应用型人才,成为高职院校、地方应用型高校迫切需要解决的问题;推动职业院校内涵式发展,落实地方普通本科高校向应用型转型,深化产教融合,已成为新形势下推进地方高校发展的重要举措与迫切任务。

酒店管理专业的一大特点是重实践、重经验、偏应用型,这也决定了该专业主要在地方高等院校(含职业院校)开办,理所当然需要顺应职业院校、地方高校的应用型和转型发展。酒店管理专业立足于应用型高校,区别于精英教育强调厚重的学术教育,更多的是看中应用技术及丰富的现场管理经验。因此,酒店管理专业必须走校企合作、产教融合的办学思路,采取创新性应用型人才培养模式。

本书从校企合作教育、产教融合的角度,运用文献研究、实地调研、案例研究的方法,分析了我国高职高专及地方应用型高校酒店管理专业人才培养的现状和存在的问题,剖析发达国家及我国部分职业院校、地方应用型本科高校酒店管理专业产教融合的成功措施和经验,提出产教融合背景下酒店管理专业人才培养的建议与对策。

本书作者系武汉商学院旅游管理学院梁珊老师著,本书的写作和出版得到了武汉商学院酒店管理专业领导和老师、武汉商学院酒店管理专业实习基地的各大合作酒店以及郑州大学出版社的关心和帮助,在此一并表示感谢。由于时间仓促,作者水平有限,书中如有不妥之处,欢迎广大专家、读者批评指正,以便修订和补充。

著　者

2023 年 5 月

目录

1

第一章 导 论

第一节 研究背景及意义

一、研究背景

新中国成立以来,特别是改革开放以来,我国经济持续快速增长,成为世界第二大经济体,经济社会的发展也发生了巨大的变革。2014年12月,中央经济工作会议指出,中国经济发展进入新常态,我国经济形态也发生了巨大的变革,目前已经出现分工复杂化、形态高级化、结构合理化的演变阶段。总的来说,中国经济的"新常态"表现出以下三个特征:①经济结构不断优化升级;②经济从高速增长转为中高速增长;③经济从要素驱动、投资驱动转向创新驱动。我国经济结构也由粗放型向集约型发展:从强调数量增长、规模扩大、空间拓展的外延式扩张,转向重视结构优化、质量提高、实力增强的内涵式发展。

经济是人类赖以生存的基石,是推动人类向前发展的历史车轮,同样也会对教育的变革起到推波助澜的巨大作用。经过多年的快速发展,中国的经济总量不断增大,站在更高起点上的中国,新常态下经济结构的变化,必然引起行业变革、产业变革、技术变革,教育作为人才补给站,也会发生巨大的变革。新常态下中国经济结构的不断发展变化,对我国高等教育的结构性变革提出了新的发展要求。随着我国经济的不断发展变革,教育结构要快速追上经济结构的调整步伐,实现经济结构和教育结构协同发展,良性循环。高等学校中的不同层次、不同学科之间的比例关系都要与一定的社会经济结构相适应,否则就会导致教育事业内部各种比例的失调。

二、问题的提出

截至 2020 年,全国普通高等学校共计 2 740 所。从办学层次上来看,我国普通高等学校中,本科层次学校 1 272 所,占比 46.42%,专科层次学校 1 468 所,占比 53.58%。我国普通高等学校中专科层次学校占比较高。我国 1 272 所本科院校中,中央办普通高等学校 118 所,地方办高等学校 1 154 所,占 90.7%,是高等教育发展的绝对主力。由此可见,当代中国高等教育,地方应用型本科院校以及职业院校绝对比例较高,人数较多,是我国高等教育发展的主力军。不论是研究型高等院校,还是地方应用型本科高校、职业本科院校以及偏重实践的技术型大专院校,不同层次、不同类型的高校在教学、科研和社会服务方面,其侧重点必然有所不同。

党的十八届三中全会明确提出:"加快现代职业教育体系建设,深化产教融合、校企合作,培养高素质劳动者和技能型人才。"2015 年 1 月 22 日召开的全国教育工作会议部署,加快发展现代职业教育,推进地方本科院校转型发展,深化高等学校创新创业教育改革。产教融合成为我国高等教育分类发展、内涵发展、转型发展、合作发展的基本方式,是办成产业的大学、城市的大学、社区的大学的有效路径,更是当下我国高等教育教学改革的新常态。

2017 年 12 月 19 日,国务院办公厅发布《关于深化产教融合的若干意见》,明确表示:"健全高等教育学术人才和应用人才分类培养体系,为学生提供多样化成长路径。大力支持应用型本科和行业特色类高校建设,提高应用型人才培养比重。"逐步提高行业企业参与办学程度,健全多元化办学体制,全面推行校企协同育人。

2019 年,国务院又发布了《国家职业教育改革实施方案》,方案中明确表明推动具备条件的普通本科高校向应用型转变,鼓励有条件的普通高校开办应用技术类专业或课程,开展本科层次职业教育试点。方案也提出了

"三教"（教师、教材、教法）改革的任务，以解决教学系统中"谁来教、教什么、如何教"的问题。在加强教育的供给侧结构性改革下，提高教师、教材及教法这三项教学元素的水平，高校应明确实施人才培养方案的切入点。

2019年10月，中央发改委、教育部等六部门启动《国家产教融合建设试点实施方案》，计划在5年内试点布局50个左右产教融合型城市，在全国建设培育1万家以上的产教融合型企业。

加快发展现代职业教育、推动地方普通本科高校向应用型转型，深化产教融合已成为新形势下推进高等教育内涵式发展的重要举措与迫切任务。酒店管理专业的一大特点是重实践、重经验、偏应用型，这也决定了该专业主要在地方高等院校（含大专院校）开办，理所当然需要顺应地方高校的转型发展，全面提升人才培养质量，促进大学生就业与企业发展，助力区域经济转型升级。

三、研究意义

酒店管理隶属于服务行业，属于人力资源密集型产业，可以较好地解决大学生就业问题；基于酒店管理专业的强就业性、强实践性，该专业目前主要在应用型本科、职业本科院校以及大专院校开设，每年的招生人数在学校遥遥领先。结合产教融合的背景，探讨酒店管理专业应用型人才培养的路径和具体方案，具有理论和实践双重意义。

（一）理论意义

本书围绕地方应用型高校的办学理念、发展定位及应用型人才培养的特征与模式，按照什么是酒店管理专业应用型人才，为什么培养应用型人才，怎样培养酒店管理应用型人才的思路开展研究，在借鉴国内外高校酒店管理专业校企合作、产教融合成功案例的基础上，结合我国地方高校的现实基础，从理论层面上寻找酒店管理专业应用型人才培养规律，探索应用型人才培养的有效途径，详细地阐述了产教融合的相关概念以及相关的理论基础。

（二）实践意义

（1）探索酒店管理专业产教融合的应用型人才培养模式，解决校企人才需求和供给的矛盾。旅游局监督管理司公布的数据显示：截至2016年底，我国已有 12 213 家星级饭店,其中高星级饭店占比 31%。酒店管理专业在专科及应用型本科专业高校的广泛开办,也正是近 20 年旅游酒店业快速发展而催生的。过去 20 年酒店行业的快速发展,使得行业内能从事中高层管理、VIP 接待的应用型、复合型高级专业人才需求量增大。酒店作为人力资源密集型企业,带来了大量的就业机会,却普遍出现了招工难、跳槽频繁的现象。2018 年中瑞酒店管理学院酒店业研究中心发布的《2018 中国酒店人力资源现状调查报告》显示,近年来酒店招聘过程中,酒店管理专业院校、专业背景、学历要求的关注程度呈下降趋势,侧面反映了酒店招人困难、招聘标准降低的现状。导致目前酒店员工流失大、招工难的原因主要有以下两点:①就工资水平而言,酒店基层员工相对其他行业员工工资较低,报酬差距较大,而高薪资的高层管理人员占比很低,熬到高管的年限,要付出较大的时间成本代价。许多酒店没有完善的激励机制,在付出和收入不成正比的情况下,会直接导致员工不满,降低工作积极性。②酒店专业人才供应不足,人才储备不足也是酒店"用工荒"的一大主因。根据《2018 中国酒店人力资源现状调查报告》,74% 的酒店在招聘中,录用酒店管理专业毕业生占录用总数的 30% 以下;酒店招聘的管培生保留率低于 20%。也就是说,酒店管理专业毕业生的录取比例相对较低。酒店管理专业的毕业生在酒店工作中并没有表现出非常好或者明显的专业优势。这恰恰说明了酒店方面的需求和高校人才供给之间存在偏差。研究地方应用型高校酒店管理专业产教融合现状,出现哪些问题,如何进行整改;探索酒店管理专业产教融合的应用型人才培养模式,解决行业和专业人才需求和供给的矛盾,势在必行,具有较强的实践意义。

(2)服务地方经济,推动地方应用型高校产教融合人才培养模式改革。酒店管理专业立足于应用型高校,区别于精英教育强调厚重的学术教育,更多的是看中应用技术及丰富的现场管理经验。酒店管理专业应用型人才的培养要结合我国酒店行业和酒店管理专业现状,对地方应用型高校的传统价值进行强调,着眼于服务地方经济,以培养产业转型升级和公共服务发展需要的高层次技术技能人才为主要目标;通过教育理念创新、体制机制创新、培养模式创新,突破瓶颈制约,推动从关门办学向开放办学,形成以产教融合为主要引领和支撑的人才培养体系和发展方式。

应用型高校在产教融合的过程中,注重和行业专业人士合作互通,打通产教融合的路径,共同探索酒店行业认可度高、人才培养就业需求与供给高度匹配的路径及具体实施方案,为社会各领域的蓬勃发展培养出更多复合型、高素质应用型酒店管理人才,也为其他专业对接行业标准的路径提供借鉴。

第二节 国内外文献综述

一、国内文献综述

(一)国内对产教融合的相关研究

1. 产教融合的发展历程

相比西方国家在产教融合模式探索的时间及成果的运用,我国产教融合的起步较晚,有学者总结了新中国成立 70 多年来职业教育产教融合政策的演变历程,大致经历了以下三个级段。

第一阶段:"教育与生产劳动相结合"(1949—1977 年)。这一阶段是我国正处于巩固国家政权、国家建设的初步阶段,半工半读的校办工厂(包括农场),合作社办学校非常普遍,这是新中国成立初期的一种实践探索,为后续产教融合的发展提供了实践经验。

第二阶段:"产教结合、工学结合"(1978—2013 年)。这一阶段的代表性政策是 2011 年的《教育部关于推进中等和高等职业教育协调发展的指导意见》,意见明确推进产教合作对接,强化行业指导作用;支持行业参与并指导人才培养方案设计,发挥职教集团作用,促进校企深度合作建立校企合作双赢机制。

第三阶段:"产教融合、协同发展"(2014 年至今)。这一阶段出台的相关政策有 2017 年的《国务院办公厅关于深化产教融合的若干意见》以及

2019 年的《国家职业教育改革实施方案》,行业、企业对职业院校和应用型本科院校的产教融合提出更高更深入的要求,急需打造一批复合型、创新应用型技术技能人才,"产教融合、协同发展、创新创业"成为当下中国教育业的主流方向。

2. 产教融合概念及内涵的研究

产教融合概念正式提出是在 2013 年,此前在教育界多为"校企合作""产教合作"等多种提法。2013 年以后,产教融合作为高频词,在高校刮起了旋风,到后来逐渐增多,现在则是耳熟能详。目前的研究大多都集中在对其内涵、制约因素、特征的归纳,结合实例研究的较少。

杨善江(2014)将产教融合定义为产业系统与教育系统相互融合而形成的有机整体,是教育部门(主要是高校)与产业(行业、企业)部门在社会范围内,充分依托各自的优势资源,以互信和合约为基础,以服务经济转型和满足需求为出发点,以协同育人为核心,以合作共赢为动力,以校企合作为主线,以项目合作、技术转移以及共同开发为载体,以文化共融为支撑的产业、教育内部及之间各要素优化组合和高度融合,各参与主体相互配合的一种经济教育活动方式。秦斌(2014)指出,产教深度融合的基本内涵是产教一体,校企互动。实现职业高校教育教学过程与企业(行业)生产过程的深度对接,融教育教学、生产劳动、素质陶冶、技能提升、科技研发、经营管理和社会服务于一体。曹丹(2015)认为,产教融合不同于校企合作,产教融合是企业(行业)和高校为了各自的发展双向发力、双向整合的过程;校企合作是高校为实现人才培养目标,主动寻求与企业的联合,是一个以高校为主体的单向过程。杨海峰等(2018)提出,产教融合是指行业或企业与院校,通过在人才培养、技术研发和成果转化等方面的密切合作,形成校企熔于一炉的办学模式。

3. 产教融合模式的研究

柳友荣(2015)指出应用型本科院校产教融合包括产教融合研发、产教融合共建、项目牵引、人才培养与交流等四种模式。

(1)产教融合研发主要指高校与企业定期举行技术与服务交流,高校为企业提供技术转让,共同参与产学研联合开发。

(2)产教融合共建主要指校企共建人才培养基地(为学生提供实习基

地)、共建研发机构(重点实验室、研究中心)、共建经济实体(企业实体、创业中心、网上商城等)。

(3)项目牵引指的是与企业合作共同申报国家或地方的重大项目、参与企业承担的国家或地方的重大项目、承担企业委托的重大横向课题项目。

(4)人才培养与交流指的是校内教师去企业挂职、优秀教师担任企业顾问,企业人员在高校担任兼职教师或接受培训,校内学生赴企业短期见习。

4. 产教融合培养方式的研究

陈翔峰(2006)在其所著的《我国开展产学研合作的理论与实践研究》中指出,就产教融合的培养方式来看,产教融合中校企合作应该分为订单模式、"2+1"模式、产教结合的模式、半工半读的模式、工学交替的模式等。同时他还指出,当前我国还有许多高校采用订单模式以及"2+1"模式来开展校企合作。

5. 产教融合合作层次的研究

陈明伟、毛雅菲(2017)在其所撰写的文章《产教融合理念的认知和实践——以厦门华厦学院物流工程专业为例》中指出,产教融合其实分为三个层次,并且这三个层次是可以从浅到深层层推进的。这三个层次分别为企业配合的模式、校企联合的模式以及校企实体合作的模式。

(二)关于校企合作的研究

目前我国酒店管理专业都面临留不住人才的问题,特别是在实习前后反映为学生期望值落差大,企业和学校出发点存在差异,合作层次较浅,管理和职业引导上的偏差导致学生对顶岗实习的抵触。针对实习这一重要环节,国内诸多学者进行深入剖析,从微观角度主要集中在学校、实习生和企业三方。

1. 学校

丁小伟(2010)认为丰富教师实践经验,在实习模式上采取一种倒实习模式即"实践—理论"打破传统"理论—实践"常规。崔鸿涛(2014)认为在供小于求的实习情况下,学校应调整教学模式,以便于让学生选择更好的就业岗位。王慧(2018)提出学校应该以市场为导向,课程设计与酒店工作流程相符,对于校企合作要谨慎,建立长期的校企合作机制。李桂玲(2019)认为学校在顶岗实习中没有以学生的角度来选择酒店,不仅使顶岗实习失去了真正的意义,而且还使学生对于顶岗实习产生负面印象。部分学校在学生顶岗实习后缺乏完整的考核体系,使学生对于顶岗实习的表现没有完整的认识。刘源(2020)认为学校应该对学生实习的效果进行有效的评估,建立科学完整的考核体系。这不仅有利于学生正视自己的实习表现,还对学校接下来的顶岗实习工作具有重要参考意义。张娜芳、张袁飞(2020)认为学校应该帮助学生解决在实习中遇到的困惑,并对学生进行指导,使其更快更好地融入酒店环境。

2. 实习生

杨效忠等(2008)通过研究发现,顶岗实习后学生对酒店行业的兴趣和从业信心下降。叶中康等在大量问卷调查的基础上得出实习生在满意度与期望值之间有落差。田喜洲、谢晋宇通过对影响大学生留职意向的因素进行分析,发现实习生留职因素主要与企业薪酬和信任度有关。张瑾(2018)发现实习生会遇到心情烦躁的问题,指出实习生有的还没有完全转变自己的角色。宋雪梅、李莉(2018)表示大部分的同学在面对问题时心理素质还不够成熟。苗淑萍(2019)认为许多大学生对顶岗实习的主体性认识不足。李国兵(2020)指出许多同学抱着一种"逃离"的心态让自己去完成实习期。金莉英(2020)认为本科生应该找准自己在实习中的定位,脚踏实地地工作,在与领导和同事一起工作时应秉持谦虚的态度。管敏吉、徐群征等(2021)认为学生在顶岗实习中的心理问题对其在顶岗实习中的表现具有重大影响。对于从学生身份到酒店员工身份转变的不适应、工作中人际关系的处理等是学生在顶岗实习中遇到的主要问题。

3. 企业

陈巧林(2014)认为酒店应建立良好的工作氛围,不应"重用轻育",让实习生有良好的人际关系,加强团队凝聚力。詹琳(2016)认为酒店应提供更多的适合基层管理者的岗位。易芳芳认为酒店方应加强培训工作,营造良好的工作氛围,让学生有归属感。张媛媛以激励理论为基础,构建实习生激励优化模式。郝迎成、郑丽丽等(2019)认为,酒店业本身作为服务业工资水平较低以及部分部门劳动强度大、工作时间弹性大,这使得实习生的情绪波动较大。因此在顶岗实习中,若酒店人性化管理和柔性化管理不到位,会使实习生工作效率较低。而且在部分酒店内部存在小团体和排外现象,使得学生在融入酒店时更加困难。而良好的企业文化和人文关怀会使学生在酒店中的表现良好,给酒店带来积极影响。谢秀梅(2019)认为有些企业为了降低运营成本会把学生当成廉价劳动力,为此企业应该树立正确的校企合作意识,本着双赢的原则对学校和学生负责。对于学生,企业应该正确认识其双重身份,加强与学生的双向交流,引导学生快速融入环境。企业还需要遵守校企协议,保护学生人身安全,维护学生合法权益。

二、国外文献综述

(一)国外产教融合的相关研究

国外对于职业教育、应用型本科高校校企合作制度研究多集中在职业教育综合治理方面,其职业教育治理框架本身就是在校企合作基础上构建的,其中会涉及或包含职业教育,校企合作治理的内涵、框架特征、构建策略、实施机制等内容,这都可以看作是校企合作制度中的要素。

1. 产教融合的内涵和特征

"产教融合"一词的首创是在中国,但国外关于校企合作、产教融合研究的时间较早。国外许多学者会运用"产学合作(University – Industry Collaboration、University–Industry Cooperation)"等词汇对产教融合的内涵进行阐述。1906 年,美国辛辛那提大学工程学院教务长赫尔曼·施奈德就提出了合作教育(cooperative education)的思想,并首次提出将学生培养成工程师的前提条件是为学生提供工程师岗位的实践机会。Allan Klingstrom(1987)提出产学合作是一种将教育活动与社会生产活动紧密联系的人才培养模式,它具有校企配合、双向联动、联系实际、服务企业的特点。Jon Whittle 和 John Hutchinson(2011)提出应从教学模式、办学体制以及教育与经济社会协调发展的角度去把握产教融合的内涵。产教融合的内涵应从教育与社会经济发展相协调、职业学校的办学体制和教育模式的"宏观、中观、微观"层次上进行把握。

2. 产教融合的影响因素

产教融合的过程中会受到诸多因素的影响,例如人才、资金和制度等,这些因素有些是产教融合的必备要素,有些则对产教融合起到一定的支持作用。

Santoro 和 Michael(2000)研究发现,在拥有大量人才储备作为产教融合项目开展基础的情况下,还需产教融合各参与主体加强合作的紧密程度,合作紧密度越高,往往项目绩效也越高,并且不同合作时期建立起来的紧密关系之间也存在差异,初期的紧密关系会比后期的紧密关系给项目绩效带来的贡献更大。Santoro 和 Chakrabarti(2002),Y. Austin Chang(2006)研究发现,职业学校的自身条件是影响产教融合的主要因素。学校的专业设置、师资水平、高校的执行力等都会影响学校对产教融合信息的捕捉和理解,进而影响产教融合的实施动力。Brodkey(2005)认为企业是影响产教融合的关键因素,企业的目的会影响企业与学校合作的意愿和积极性。Lindelo 和 Lofsten(2004)指出,尽管产教融合建立在职业学校与企业发展的需求上,但仍需国家对其进行干预,方能保证产教融合模式的有效运行。Harald Knudsen(2015)认为产教融合受学校自身、企业和政府三方面因素的共同影响。

3. 产教融合的对策和评价

Terri Seddon 和 Stenphen Billett(2004)研究发现,一些企业由于不确定学生的专业水平能否符合要求,参与产教融合的积极性不高,应调动企业参与学校培养应用型人才的积极性,建立各行业的专门指导委员会,对社会岗位进行预测,并参与学校的专业设置与教学模式等重大问题的决策。Muhammad 和 Ansari(2007),John 和 Rupert(2009)等研究发现,高职院校所开设的课程与企业要求不相符,导致学生在企业中需花费大量时间进行磨合。高职院校与企业联合办学,有利于学校获取企业支持,根据企业要求调整专业设置和教学模式,提高人才培养水平。

(二)国外人才培养的主要模式

Busby G. (2001)认为,高等教育应达到理论与实践之间的平衡,培养知识与技能同时具备的管理型人才大多以"理论+实践"双重标准相结合,以下将从宏观角度分析不同国家育人模式。

1. 德国"双元制"模式

德国是世界上经济和科技最为发达的国家之一,"德国制造"以其精细的做工、优良的品质而享誉全球。这一切要归功于这个国家高水平的职业教育的秘密武器——"双元制"。一元是指职业学校,其主要职能是传授与职业有关的专业知识;另一元是指企业,其主要职能是让学生在企业里接受职业技能方面的专业培训。"双元制"的特点如下:企业和学校双元互补,重视发挥企业的作用;国家用法律保证职业教育的实施;企业、学校、政府的"三赢"模式。

2. 日本"产学官"合作模式

日本的产教融合模式被称为"产学官"合作模式。"产"指的是企业,"学"指的是高等院校及研究所,"官"指的是政府机构。"产学官"合作模式充分发挥政府主导功能,制订各项计划,并给予政策支持;企业和高校、研究所在高新技术及产品开发方面深度合作,开展各种形式的交流与合作。

3. 英国现代"学徒制"模式

英国学徒制是英国工作本位职业教育的典型形式。它起源于中世纪,行会的建立使之不断发展。在过去几百年的时间里,英国学徒制几经沉浮。1993 年 11 月,英国政府重塑学徒制开启了崭新的现代学徒制,并把振兴培训体系与职业教育定义为国家行动,予以重视。1997 年英国政府又开始尝试推广学位学徒制,学位学徒制包括 2～7 级,对应了从初中学历到硕士学历的教育层级。这次至关重要的学位学徒制改革,推动了职业教育改革,实现了职业教育和高等教育的有效对接;破除了学徒制无法实现高学历的陈规,改变了整个国家的人才观念,职业教育和高等教育的边界被学位学徒制打破。

英国政府通过职业教育立法,政府角色不断发生变化。1993 年之前,英国政府在职业教育中基本处于自由放任的角色;1993—1997 年,政府开始转变角色主动管控,开启了现代学徒制改革;1997 年后,政府全面管理现代学徒制,建立 NQF(National Qualification),推行职业教育的终身学习,使得英国的现代学徒制对全世界的职业教育产生广泛的影响。

现代学徒制鼓励高校和行业、企业展开合作,共同制定职业课程,学生可以边读大学边在企业实习工作。学生按规定完成所有课程和技术实习后,毕业既能拿到相应层级的文凭,得到学术上的认可,又能掌握企业所需的技术,得到对口工作,因此受到学校、企业、学生的热捧。

4. 美国"合作教育"模式

以美国为代表的北美"合作教育"模式通过大学和企业之间的合作教育和实习计划,给企业和雇主提供了一个独特的机会,可以招募和留用大学生,并以此建立起一支由高度熟练和精通技术的大学生所组成的员工队伍。

5. 澳大利亚产教合作模式

澳大利亚"行业主导"职业教育制度,行业积极参与到从国家宏观政策的制定到学校具体教学的安排的全过程中,行业直接参与到职业教育过程之中,人才培养目标、制定工作标准和规范,都有行业的身影。澳大利亚产教合作人才培养模式建立了"学习—工作—再学习—再工作"的多循环终身教育模式。

综合前人相关研究,学者们在产教融合方面的研究取得了一定的进展,但仍存在以下有待完善之处:

国内研究大多都集中在对产教融合的内涵、制约因素、特征的归纳,结合高职院校的研究较多,结合实例的研究偏少,而有关应用型本科高校产教融合具体人才培养模式的研究较少。目前我国产教融合大多表现为校企合作、校企共建实习基地、订单培养等模式,校企教科研深层次开展合作的模式较少。

国外研究内容较丰富,从总体来看,产教融合发展得很好的国家都有一些共同的特征:①相关的政策制度已经比较完善;②政府在资金拨付方面也会给予大力的支持;③企业在产教融合实施方面会进行全程的参与;④这些国家往往都会实行就业资格准入制度。但这些研究大多数是针对某个国家的教育模式进行研究,没有结合我国国情进行深入细致的探索,尤其是地方应用型高校酒店管理专业服务地方经济过程中,具体开展产教融合方法、保障措施等相关性的研究则较少。

第三节 研究思路、技术路线及研究方法

一、研究思路及技术路线

本书首先通过研究背景与意义的分析,明确产教融合背景下酒店管理专业人才培养这一主题;然后梳理国内外文献综述及相关理论基础,接着解析了我国酒店管理专业产教融合的基本现状,并且剖析了我国酒店管理专业产教融合人才培养主要模式,以及国外比较成功的产教融合人才培养模式,从纵向及横向进行了客观的对比分析。为了找出酒店管理专业应用型人才培养的问题,笔者通过对所在学校学生实习情况的问卷调查以及对企业高管、学校领导的访谈,找出校企实习、产教融合、人才培养的问题,最后提出产教融合背景下酒店管理专业应用型人才培养的构建方法。本书研究框架如图1-1所示。

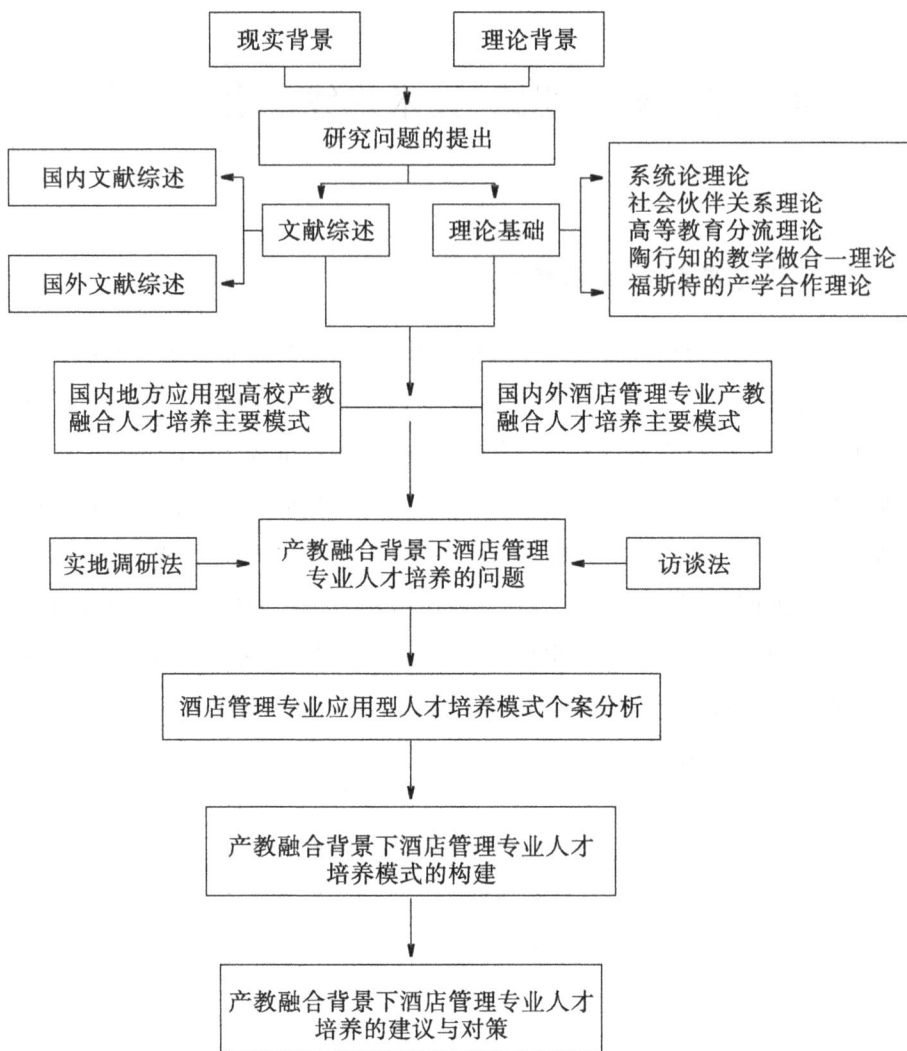

图1-1　本书研究框架

二、研究方法

本书运用跨学科、多维度的研究方法,将理论研究、实际案例有机结合,具体研究方法包含以下几种。

1. 文献查阅法

对本书相关文献进行收集和整理,在借鉴国内外研究成果的基础之上,了解国内外酒店人才培养模式,产教融合研究成果,在此基础上总结归纳、进行有益借鉴,提出本书的研究框架。

2. 调研法

对符合本书研究的 2～3 个代表性地方高校进行调研,通过问卷调查来展开数据统计和分析,摸清应用型高校酒店管理专业人才培养模式现状、存在的问题,对其在产教融合、人才培养方面的具体措施进行梳理和分析。

3. 访谈法

通过与地方本科院校的师生、企业行业、政府人士进行访谈,了解地方本科高校、高职院校酒店管理专业教学改革、校企深度合作及产业学院的建设、人才培养和服务地方的权威资料,为本书的研究提供支撑。

4. 比较研究法

积极借鉴国外发达国家校企合作、产教融合的先进经验和国内应用型本科高校、高等职业院校酒店管理专业的有益做法,总结经验,提出对策,以科学的视角思考发展策略。

5. 案例研究法

选取中瑞酒店管理学院、武汉商学院、南京旅游职业学院三所高校的酒店管理专业,深度分析三所地方应用型高校,因地制宜服务地方经济,因校制宜开发极具校本特色型产教融合、协同育人人才培养模式。三所高校酒店管理专业的发展情况、具体案例,也为本书的研究提供了案例支持。

第二章　相关概念及理论基础

第一节　相关概念的界定

一、产教融合

（一）产教融合的发展轨迹

产教融合在我国的发展可以追溯到 20 世纪，当时还未提及产教融合理论，只是由部分职业高中、中专、高职高专等学校组织与企业结合或合作等开展人才培养。一方面，部分大企业、企业集团通过开办职工大学、技工学校、技术技能培训班甚至开展学历教育等方式合作；另一方面，学校也兴办企业、开办工厂等，不但承担实践教学任务，同时也为学校增加了经济来源。

在我国，最先提出产教融合这个概念的是江苏无锡市技工学校，该校在对学生的实习质量进行探索的过程中首次提出了产教融合化的说法。该校在不断的改革与探索中，第一次提出"千方百计寻求与生产实习紧密结合的产品，以提高学生产教融合的水平意识、产品意识、时间观念及动手能力"。这里所提到的"产教融合"仅仅是指产品和实习教学之间的关联，从范围和层次上来说，所涉及的面比较狭窄，但这毕竟是中国职业教育第一次提出产教融合这一全新的相关理念。此后，2001 年教育部在《关于加快发展面向农村的职业教育的意见》一文中，从国家政府层面明确指出产教深度合作的相关说法以及解释，并渐渐地演变成为现在我们所熟知的"产教融合"。而后

2007年《中国职业技术教育》《中国劳动保障报》等报刊开始使用产教融合的概念，但是也没有对该概念的内涵进行明确化。2013年教育部出台了《教育部关于2013年深化教育领域综合改革的意见》，产教融合首次在中央人民政府官网上被提及。2015年10月教育部发布的《关于引导部分地方普通本科高校向应用型转变的指导意见》中提到"推动转型发展高校把办学思路真正转到服务地方经济社会发展上来，转到产教融合校企合作上来，转到培养应用型技术技能型人才上来"。地方应用型高校深化产教融合的发展步伐，得到国家层面的明文表态。2017年国务院印发《关于深化产教融合的若干意见》，则标志着产教融合在国家层面上得到明确的政策支持。自此，行业、产业和教育业的融会贯通，校企合作、协同育人成为教育界的热点议题。深化产教融合，将打通教育链、人才链与产业链、创新链，进而在新技术革命下促进高等教育和职业教育形态变革。

自此，产教融合第一次由高等职业院校提出，而后引申到地方应用型本科高校，现在已经扩展到各个层次高等教育的院校之中；产教融合成为助力高等院校发展的必要手段。

(二)产教融合的概念及特征

关于产教融合的概念，学术界有多种声音，本书在国内文献综述中，也有过叙述，这里不再一一赘述。笔者认为，产教融合主要是指高等院校，尤其是高等职业院校以及地方应用型本科高校，为提高人才培养质量，与产业深度合作；教育系统与地区产业系统有机结合、相互融通，从而形成学校与行业良性互动，共同发展。

产教融合的概念从提出，到践行，经过了几十年的探索，在改革开放社会主义市场经济背景下，高等教育正在探索一条"产、学、研"三位一体的融合模式。现如今，中国经济GDP高居世界第二，人均GDP也大幅度增长，新常态下中国经济结构的不断发展变化，对我国高等教育产教融合的发展提出了新的要求，具有如下几个基本特征。

1.产教融合立体式发展

江苏无锡市技工学校第一次提出"产教融合"这一概念时，当时的产教融合仅仅是指实习过程中产品和实习教学之间的关联，是一种浅层次的校企双向合作关系,而后发展成为校企之间的双向互动关系——校企合作。从融合的层次来说,校企合作属于比较低层次的融合,是一种平面融合。现如今,我国社会主义市场经济的蓬勃发展,经济结构的不断优化,市场经济的多元化,都对校企之间的产教融合,提出新的发展要求——立体式产教融合。高层次立体式融合打破了原有单一合作或双向合作的局限,结合了生产、教学和科研的特点,在产、学、研三方面进行全面深入的合作。融合后的组织,不仅自身是生产的主体,具有企业创造经济效益功能,而且能提供产业发展需要的专业技术人才,为产业的可持续发展提供源源不断的智力支持。三者融合在一起,形成一个良性的循环体系,开展教学、科研、生产等服务活动,在促进内部发展的同时,不断向外辐射,发挥其更大的社会效应和作用。这种立体式的融合,对于经济发展和社会进步都有着非常重要的助推价值,反过来也促进了教育的发展。

2. 产教融合多主体性

近几年,产教融合的主体结构也发生了根本性的变化。从简单的学校、企业二元主体,到后来的政府、学校、企业三元主体,现在有专家提出政府、行业、企业、学校、学生五方利益,彼此之间相互作用。地方政府与教育主管部门可下设产教融合办公室,主动落实产教融合的社会协调机制,承担起规范推进和监管产教融合的责任。行业可设立行业协会,成为政府与企业的桥梁和纽带,协助政府制定并实施产业政策、行业发展规划、行政法规;协调行业内部同类型企业之间的经营行为;制定并执行行规行约和各类标准、各类法律规范。学校和企业是人才培养的主体,也是产品生产、技术开发和成果应用的主体,两者皆不可或缺,共同参与高素质劳动者与技术技能型人才培养。学生作为被企业和高校共同培养的对象,全程参与产教融合的过程化管理;作为产、学、研的主体之一,让学生参与生产或经营,部分优秀学生甚至可加入企业和高校的研发项目,激发学生的创造力、创新力。

3. 产教融合的动态性

产教融合是一个动态生成的过程。从生态学的角度看,不论是产业系统还是教育系统,都是不断变化的开放主体。换言之,产教融合具有动态性和开放性。一方面产教融合涉及政府、行业、企业、学校、学生五方参与,多元化主体的参与,注定产教融合的效果不可能一朝一夕实现,必然是一个长期发展的过程。另一方面,经济结构包括产业结构、就业结构、技术结构等要素。产业结构整体优化升级,是经济结构战略性调整的重点。教育结构包括类别结构、专业结构、程度或级别结构等,其调整受经济结构的制约,反作用于经济结构的同时,又促进经济结构不断完善。产业结构的调整必然引起就业结构的变化,而其结构的变化又反过来促进高校的专业结构调整。与此同时,教育结构的内部也一直处于不断变化、调整和改革中。教育结构与产业结构之间的不适应往往是常态,并且,两者始终处于从不适应到适应,再到不适应的动态循环和变化之中,因此具有动态性。

二、应用型人才

(一)应用型人才概念

关于什么是应用型人才,目前学者并没有完全达成统一,各种说法不尽相同。有学者认为,应用型人才和其他人才相比,属于一种中间人才,具有一般人才应具有的理论知识。同时,他要面向现场操作过程,又必须有较强的理论技能,这样的要求是比较高的。也有人认为,按照行业领域、学科专业、教育层次、岗位职位等不同的分类标准,可以将人才划分为不同的类型,把从事揭示事物发展客观规律的科学研究人员称为研究型人才,而把科学原理应用到社会实践并转化为产品的工作人员称为应用型人才。学者朱永江则结合实际认为,高校主要培养两种人才,学术型人才和应用型人才。前者是发现科学理论,后者把科学理论运用于实践。

在众多说法中,笔者比较推崇华东政法大学陈代波教授关于"应用型人才"的定义。陈教授认为所谓应用型人才,是相对于高精尖理论型、学术型人才而言的,是掌握直接应用型知识、具有更具体的实践能力的人才。应用型人才可以分为两类:一类是本科以上高等教育机构培养的通用型人才,主要是按学科设计专业;另一类是高等职业技术教育所培养的岗位技能型人才,主要按岗位来设计专业。

笔者认为应用型人才主要是在应用型本科、职业本科以及高等职业技术学院的专科层次上开展的人才培养,具备一定的理论基础以及较强的实践应用能力,能够运用理论知识及实操知识解决实际生产问题的高素质应用型人才。事实上,酒店管理专业在中国的开设轨迹也体现了这一点。酒店管理应用型人才的培养任务主要是由地方本科高校和职业技术院校共同担负,这也符合该专业在实践层面、经验层面、技术技能型层面开展的高素质复合型管理人才的客观需要。

（二）应用型人才辨析

2021年12月28日,教育部召开的新闻发布会指出,2021届全国高校毕业生规模909万,我国高等教育毛入学率已突破59%,高等教育进入大众化教育时代,这已是不争的事实。社会上关于高校人才培养的分类有很多意见,比较多的意见是将我国人才培养划分为学术型、应用型以及技术技能型。三种类型的人才培养,侧重点不一样,职能、知识结构和能力结构具有较大的差别。

应用型人才相对于学术性人才、技能型人才有一定的区别,很多时候容易把应用型人才和技能型人才搞混淆。表2-1是学者吴中江、黄成亮提出的学术型人才、应用型人才和技能型人才辨析。

表2-1　学术型人才、应用型人才和技能型人才辨析

人才类型	职能	知识结构	能力结构
学术型人才	从事科学研究和发展客观真理的工作	以学科体系为本,强调学科知识的系统性和理论性	科研能力、创新能力
应用型人才	从事规划、管理决策等工作	按行业来设置专业,注重知识的实用性、综合性和跨学科性	科学知识和方法相结合的综合应用能力和解决问题的综合能力
技能型人才	在生产第一线或基层从事为社会获取直接利益的工作	以职业岗位为本位,以"必需够用"为原则建构相关理论,看重是否掌握实用技术和熟悉相关标准	操作技能方面的实践能力

2018 年教育部高等教育司《普通本科院校深化产教融合、校企合作情况介绍》中指出,应用技术型人才就是把成熟的技术和理论应用到实际的生产、生活中的技术技能型人才。相对于学术型、研究型人才而言,应用型人才的普通层次为应用型专科、应用型本科,而高层次则有应用型硕士、应用型博士。

(三)应用型人才特点

虽然关于应用型人才的具体定义,各家说法不一,但总体来说,应用型人才培养主要有以下三个特点:

(1)应用型人才在知识结构上主要围绕一线生产的实际需要加以设计,在课程设置和教材建设等基本工作环节上,强调基础、适用的知识,而相对忽略对学科体系的强烈追求和对前沿性未知领域的高度关注。

(2)应用型人才以一线生产为实际需要,在人才培养核心目标上,强调与一线生产实践的结合,在能力培养中特别突出对基本知识的熟练掌握和灵活应用,更加重视实验教学、生产实习等实践性教学环节,比较而言,对于科研开发能力就没有了更高的要求。

(3)应用型人才强调知识的应用型,而非科学发现和创造新知。按照人才金字塔模型,在社会工业化乃至信息化的过程中,社会对应用型人才的需求缺口很大,应用型人才的培养是我国高等教育的主力军,所占比重大,其人才培养模式要接受行业检验,并得到充分的重视。

总而言之,应用型人才广泛的需求空间,也为应用型本科、职业本科、高等职业技术院校的发展提供了广阔的空间。

三、人才培养模式

(一)人才培养模式内涵

人才培养模式是高等教育领域的基本问题,有人才培养就必然有培养模式。但在我国高校、学界及教育行政部门提出并讨论这一模式,则是 30 多年前的事了。1983 年在《改革人才培养模式,按学科设置专业》这篇文章中,首次由高校提出如何改革高等工程教育的人才培养模式。在此之后,一些高校和实践工作者继续讨论医学及经济学等各类人才的培养模式及其改革方式,但对人才培养模式的概念把握较为模糊,没有明确的定义。1998 年教育部召开了第一次全国普通高校教学工作会议,时任教育部副部长周远清认为所谓的人才培养模式,实际上就是人才的培养目标和培养规格以及实现这些培养目标的方法或手段。钟秉林认为人才培养模式是学校为学生构建的知识、能力和素质结构,以及实现这种结构的方式。龚怡祖认为人才培养模式是指在一定的教育思想和教育理论指导下,为实现培养目标而采取的培养过程的某种标准、构造样式和运行方式。

近十年来,很多高校将专家们的说法进行了归纳总结,主要有以下几种说法:

人才培养模式是指在一定的教育思想与教育理论指导下,为实现培养目标(含培养规格)而采取培养过程的某种标准构造样式与运行方式,它们在实现中形成一定的风格或特征,具有明确的系统性与规范性。

人才培养模式也可以解释为是人才培养目标,培养规格(知识、能力、素质结构,即是培养什么人)和基本培养方式(怎么培养),它集中体现了高等教育思想和教育观念,决定着所培养人才的根本特征。

关于人才培养模式的概念,笔者比较倾向于以下说法:人才培养模式是在一定的教育理念、教育思想指导下,基于知识、素质、能力结构构建的模式,按照特定的培养目标和人才规格,以相对稳定的教学内容和课程体系、管理制度和评估方式,实施人才教育过程的总和。

有一点需要特别指出的是,有教育工作者经常将人才培养方案误认为人才培养模式,但两者之间其实是有本质区别的。人才培养模式,相对于人才培养方案更为宏观,具有指导意义;人才培养方案是在人才培养模式的指引下开展的具体实施方案,但是以往很多学者并未对二者进行严格区分,而将人才培养模式与人才培养方案混为一谈,不利于高校人才培养的精准定位。

(二)人才培养模式的特征

1. 目的性

教育目的是把受教育者培养成为一定社会需要的人的总要求。教育目的是教育工作的出发点和最终目标。人才培养模式作为高校培育人才的有效手段,其核心的育人本质与社会主义教育目的相契合,也是高校工作者的出发点和最终目标,与此同时党和国家所规定的教育方针是构建人才培养模式的根本依据。

2.层次性

人才培养模式通俗来说就是确定培养什么人以及如何培养,从而实现专业人才培养目标。基于"培养什么人"以及"如何培养",人才培养模式通常包含三个层次。第一层次为培养规格,主要指的是人才培养在知识、能力、素质方面要达到的培养要求。第二层次为培养方式,主要指的是人才培养过程中,需要稳定的教学内容、课程体系、教学方法和教学手段。第三层次主要是保障条件,包括教师队伍的人员保障、校内外实践基地的场地保障、教学管理工作的制度保障,以及落实合理的教学评估方式。

3.系统性

人才培养模式的系统性主要由以下几个方面决定。

(1)人才培养模式要有一定的教育思想理念作为指导。在人才培养模式中,教育思想理念居于指导和支配地位。它制约着培养目标、专业设置、课程体系和基本的培养方式,从此意义上讲,教育思想理念是人才培养活动的灵魂。

(2)人才培养模式的根本属性在于它是一种过程范畴,具体体现在对人才培养过程的谋划、设计、建构和管理等环节。

(3)人才培养模式是一种标准样式,就必然具备某种程度的系统性、范型性和可操作性。

4.时代性

2020年5月,教育部印发了《高等学校课程思政建设指导纲要》,明确指出"培养什么人、怎样培养人、为谁培养人是教育的根本问题,立德树人成效是检验一切工作的根本标准"。新时代下高校人才培养模式要适应新变化、新发展,突破传统人才培养模式的束缚,培养出适应社会发展、适应国家建设需求的优质人才。随着时代的发展,高等教育需要与思政教育相结合,帮助学生树立正确的人生观、价值观和世界观。只有将高等学校人才培养模式与课程思政建设工作全面落实,才能培养出肩负着民族复兴和国家崛起的社会主义接班人。

第二节 理论基础

一、系统论

系统论是研究系统的结构、特点、行为、动态、原则、规律以及系统间的联系,并对其功能进行数学描述的新兴学科。系统论的基本思想是把研究和处理的对象看作一个整体系统来对待。系统论由生物学家贝塔朗菲于1936年提出,最初的系统论以逻辑方法与数学方法为基础进行系统一般运动规律的研究。贝塔朗菲的经典著作《一般系统论:基础、发展和应用》(*General System Theory:Foundations,Develop-ment,Applications*)中对系统进行了定义,认为系统为系统要素相互作用的综合体系,并以数学描述公式为基础进行系统特征的归纳与总结,提出系统具备的整体性、机构性、同型性等特点。贝塔朗菲的系统论认为,系统具备整体性,是系统要素按照特定规律与方式进行组合与演变发展的产物,在与其他事物和环境的相互联系中体现自己的属性、功能和价值。

系统论的核心思想是系统的整体观念,它把研究和处理的对象作为一个整体,分析其结构和功能,研究整体、要素、环境三者之间的相互关系和变动的规律性,并以优化系统的观点来看问题。系统论的主要任务就是以系统为对象,从整体出发来研究系统整体和组成系统整体各要素的相互关系,从本质上说明其结构、功能、行为和动态,以把握系统整体,达到最优的目标。

在生态学视角下,我们将产教融合定义为高校在政府的宏观调控和支持下,围绕地方产业经济发展,结合高校自身发展需求和发展特色,积极与企业开展深入的战略合作,构建一个稳定、持续、高效、和谐的生态氛围,以达到互惠互融的动态平衡发展生态圈。

根据系统论的阐述可知,对产教融合的评价,不能用静止的、局部的、松散的认识来对待,而是要动态、全面、系统地体现产教融合的各项评价指标来让评价更加科学。产教融合的投入、过程、成果、反馈等各个实施环节需要整合评价,避免只从一个角度出发。产教融合涉及各个不同的群体,我们也不能只站在某一个利益群体的位置来决定评价的内容,而要在综合不同群体的评价下进行分析、提炼、总结,让产教融合的评价更全面。产教融合作为一个系统,有其自身的特点,只有在宏观设计上充分彰显系统性思维,才能更好地指导地方高等院校产教融合、校企合作运行和发展。另外,校企合作的紧密性、学校专业设置与行业需求的契合度、学生专业技能与职工职业技能的匹配性也是需要综合考虑的。

二、社会伙伴关系理论

社会伙伴关系是发达的市场经济国家用于协调社会利益集团之间关系的理论范畴和政治工具,政府、雇主组织与雇员组织是社会伙伴关系的主要方面。社会伙伴关系的四个关键要素是:强调伙伴之间的相互认可、共同参与决策制定、雇主对雇员实施综合职业培训以及进行企业制度建设。社会伙伴关系理论认为,社会伙伴共同致力于精心策划的合作行动与决策,以达成合作成员所制定的共同目标。旧的社会伙伴关系倾向于建立与中央政府的相互联系并形成制度化关系(如德国的学徒制体系或澳大利亚的产业关系体系),其调节机制和工作方式体现为合作伙伴长期存在的"默契"(tacit understandings);结构上的安排得到与社会伙伴关系相联系的规则、价值和期望方面的文化理解,这些理解无须达成共识。

社会伙伴关系涵盖广泛的领域,职业教育伙伴关系是其中的一个组成部分,它除了具备上述特征外,还明显呈现出组织和自组织的主动性特征。在主动构建职业教育社会伙伴关系方面,塞登和比尔特主张,要解决四个关键问题,即确定目标、获得资源基础或资助、支持主办机构的伙伴关系、协商可持续的工作方法等;随着伙伴关系的发展,在对话"搭档"和建立人际关系网(networking)的过程方面进行管理,以便对这些过程进行协调,发挥可持续的"组织化"的社会功能。

根据社会伙伴关系理论的内容组成,职业教育产教融合应当充分考量职业教育及产教融合工作中社会伙伴关系的作用和功能,主动构建社会伙伴关系,实现产业与职业教育之间的深度融合与广泛对接。这一过程中涉及的相关利益方包括利益群体及利益个体。如何协调这些主体以促进产教融合的不断深化,社会伙伴关系(social partnership)理论提供了有力的理论指导。

三、高等教育分流理论

随着我国社会主义市场经济的迅速发展,高等教育体制改革的不断深化,高等教育大众化进程的加快,以及受教育者自主选择性的日益增强,高等教育的合理分流已愈来愈成为人们关注的问题。教育分流是指依据学生学业考试成绩和学术性向测验,将学生分层别类,进入不同的学校和课程轨道,按照不同要求和标准采用不同方法,教授不同的内容,使学生成为不同规格和类型的人才。高等教育的分流就是高等教育分流主体(政府、教育部门和各类高等教育机构、企业、家庭与个人等)根据社会发展的需要和可能、分流对象(愿意接受高等教育的符合一定条件的人)的意愿和条件决策调控的,由分流机构(高校及其他实施高等教育的单位)实施操作的,对分流对象的有计划、有差别的高等教育,目的在于造就各级各类专门人才的活动。

新中国成立后,我国高等教育一直以单一的标准规格培养单一的学术型人才,致使人才供需矛盾日益突出。尽管高等专科教育和成人教育以及普通本科教育也在力求为生产实践服务,为第一线培养实用型人才,但是,许多高校特别是本科院校更重视的是对学术型人才的培养,有的地方院校也盲目跟风,将它作为高等教育培养的唯一明确的目标、单一的人才结构,难以满足社会对人才需求的多样性,导致结构性人才过剩,造成教育资源的严重浪费。人才供需矛盾长期以来一直制约着高等教育的发展,高等教育结构的分化与调整已经迫在眉睫。高等教育必须从原有的体系中分化出一种新的高等教育形式即高等职业教育,来承担实用技能型、管理型人才培养的任务。

从理论上来说,普通高校向应用型高校转型有利于促进教育供给与劳动力市场的有效匹配,实现高等教育结构的合理优化。《国家职业教育改革实施方案》为普通高校向应用型高校转型赋予了新的要义,主要体现在:培养路径需要从学术导向向产教融合转变;招生方式需从刚性招生向弹性招生转变;师资队伍需从单一型向"双师型"转变;证书制度需从单一证书向"1+X"证书转变;评价标准需从学术标准向应用标准转变。

合理的高等教育分流不仅能促进个性的发展,培养各有所长的创新型人才,还能分门别类地培养专门人才以便配置到相应的工作岗位,从而帮助高校"认清自己""合理定位",对高校自身发展具有重要的革新意义。在这种情况下,我们认为,用高等教育分流理论来指导产教融合的发展,不仅具有重要的理论价值,也有很强的实践意义。

四、陶行知的教学做合一理论

陶行知先生是一位伟大的人民教育家、思想家,他毕生致力于我国的教育事业,给我们留下了宝贵的财富。"爱满天下"是陶行知先生毕生奋斗的动力与总纲。在内外交困的中国社会中,陶行知希望通过教育达到改造社会的目的,他在实践中提出了"生活及教育""社会即学校""教学做合一"的生活教育思想,并结合近代中国社会的实际,大刀阔斧地进行了教育改革,这些都源于他积极引进其师杜威的生活教育思想。陶行知的生活教育学说将教育与生活紧密地联系起来,符合教育发展的趋势与规划规律,对当时及现今的教育部有很强的指导意义。

"教学做合一"理论诞生于五四时期,在五四时期科学与民主思潮的推动下,人民开始觉醒,要求独立自主、科学民主。陶行知以科学的态度,勇于实践,勇于自我改造,以追求真理的态度来研究当时学校教育中的问题,把教育上一些普通问题提到科学的高度进行研究,对杜威的"做中学"思想进行批判地继承,参照杜威的"做中学"的方法,针对中国教育情况的实际,在实践中提出了"生活即教育""社会即学校""教学做合一"的生活教育思想。陶行知的生活教育学说是一种实践教育学说及社会改革学说,它将教育与生活紧密地联系起来,符合教育发展的趋势与规律,对当时及现今的教育都有很强的指导意义。

"教学做合一"是生活教育理论的方法论。有感于传统教育的教与学相脱离、书本知识与实际生活相脱节,陶行知提出了"教学做合一"的主张。他说:"教学做合一是生活现象之说明,即是教育现象之说明。在生活里,对事说是做,对己之长进说是学,对人之影响说是教。教学做只是一种生活之三方面,而不是三个各不相谋的过程。同时,教学做合一是生活法,也就是教育法。它的含义是:教的方法根据学的方法,学的方法根据做的方法。事怎样做便怎样学,怎样学便怎样教。"陶行知先生主张的"教学做合一"思想肯定了"做"的先进性和基础性地位,要求"先生拿做来教""学生拿做来学",强调动手的同时动脑,理论和实践相结合,而且强调"做"是创造,是"产生新价值"。他认为"做事"是第一位的,不在"做"上下功夫,教不成教,学不成学;主张"劳力上劳心",才能事半功倍。明确陶行知先生"行知合一"的教育思想必须明确树立"做中学、学中教"的教学理念,即"教法、学法、做法是应当合一的",教学做是一件事,用大脑来指挥手才能培养出学生的创造创新能力,产生新价值,此理念科学地阐述和倡导了实践对认识的重要意义。

五、福斯特的产学合作理论

美国芝加哥大学教授福斯特是当今国际职教理论界最具影响力的学者之一。福斯特以他的《发展规划中的职业学校谬误》(*The Vocational school Fallacy in Development Planning*)一文而闻名于世,这篇名作在执教理论界引发了一场长达 20 年的论战。"福斯特理论"强调"非正规"的在职培训,主要是指以按照职业培训为主的岗位培训,反对"技术浪费"。岗位培训属于一种职业教育,这种职业教育是以劳动力市场的需求为出发点,以"企业为本位"进行短期培训,它的优点在于受训人就业机会多,就业前景大。"技术浪费"主要是指学校所培养的毕业生技术指标合格,却找不到对口的工作;有的毕业生也因技术过剩而失业,这都大大地削弱了职业教育的质量。福斯特研究发现,职业技术培训必须在"非正规"教育机构中进行,学徒制实效肯定比职校正规培训好;应鼓励企业编制自己的培训计划,因为企业比职校更了解"产品"的规格和要求。

福斯特认为,职业教育的重点在于"非正规"的在职培训,提倡"产学合作"的办学形式。他坚持发展多样形式的职业培训,同时,对现有职校进行三方面的改造:①控制职校规模的发展速度,促使它与区域经济的实际发展相联系;②变革课程形式,设置攻读相互交替的"三明治"课程和具有实效的短期培训课程,而且,实践课争取在企业内进行,减短正规学校职业教育与实际工作情景的距离;③改善生源比例,生源主要以在职人员为主,培训经费主要由用人单位负担。总之,福斯特认为,企业本位的职业教育和"产学合作"的办学形式,在学校本位的职业教育之先,职业培训应从学校本位走向"产学合作"。

福斯特认为职校在人才培养上有规模效益,但鉴于职校本身一些难以克服的缺陷,必须对职校进行改造,产学合作教育让学生的课堂学习与实际工作结合起来,把工作经历与学生就业结合起来,这种课程形式的改革,设置工学交替的课程体系,缩小了教学和实际职业岗位的差距。可以采用多种多样的形式进行"产学合作",如美国的"合作教育"、英国的现代"学徒制"、日本的"产学官合作"都是其典型代表,其优势是优势互补,更加经济。"产学合作"是一种有别于传统学校教育的全新人才培养模式,一般特指"学工交替"的模式。

福斯特的职业教育思想无疑是很有远见的,他在20世纪60年代所提出的相关理论直到今天仍对我们的职业教育有着深远的指导意义。当前我国职业教育依旧处于"学校本位"的状态。福斯特认为,如果职业教育一味地坚持以"学校本位"作为唯一的教育形式,就会造成一些其自身难以克服的缺陷。如果要突破经济上的"瓶颈",职业教育机构就必须和社会、企业联手合作,共同为学生提供实践机会,甚至可以共同开设实践技能课程,而不是仅仅将职业教育的场所局限在课堂之中。长期以来,我国的教育体制都是以"双轨制"为基础的。如果将重视操作技能的职业教育内容与重视理论知识的普通教育内容结合起来,培养出的劳动者才会更适合社会对于人才的种种要求。我们的职业教育就不应该简单地与普通教育割裂开来。毕竟社会对于劳动者资质上的要求会越来越全面,只侧重于理论和只侧重于技能的教育都是无法满足社会需要的。目前我国的职业教育机构基本上都只提供职前培训,也就是通过对没有任何从业经历的人员进行相关的理论知识和操作技能等方面的教育,以迎合劳动力市场对相应职业人才的需求。但事实上,由于职前教育大多是针对某个职业特点进行较为笼统的、理论化的教育,而并不能很好地帮助从业者快速适应具体职业环境下的工作。

第三章　当前国内外酒店管理专业产教融合人才培养主要模式

第一节　国内地方应用型高校产教融合人才培养主要模式

经过多年探索,在借鉴发达国家应用型高校产教融合成功模式的基础上,形成了多种校企合作育人模式,产学研合作模式主要有人才联合培养共建实践基地模式;搭建产教融合平台,建设产业学院模式;大学科技园模式。

一、人才联合培养共建实践基地模式

(一)人才联合培养共建实践基地的内涵及意义

1.人才联合培养共建实践基地的内涵

人才联合培养共建实践基地是指高校、企业、科研院所等合作主体按比例投入相应的人力、资金、设备,共同组建联合公关实验室、教学科研基地和工程技术中心等,实现在教学、科研、技术方面的深度融合。人才联合培养共建实践基地,是创新应用型人才培养模式,提升应用型人才培养质量的重要途径之一。高校与企业联合培养人才,其重点是以学生就业为核心,利用学校和企业的双元育人原理,将课堂书本教育环境和企业实战教育资源有机结合,充分发挥双元互补的优势,包含校企成立人才培养专项基金、校企互派人员担任兼职教师或企业顾问、企业为学生提供实习实践教学基地、校

企共建实训中心和教科研教学基地等。

校企联合培养模式,是早期产教融合比较流行的一种模式,由学校或二级培养单位牵头与国内外相关行业、企业等实务部门合作,实现人才培养与行业产业发展互促交融、良性互动,联合培养实践应用型人才,遵循优势互补、资源共享、协同创新的原则,达成校企双方联合设立、共同管理的目标。

2.人才联合培养共建实践基地的意义

近年来,很多学校积极探索与行业企事业单位、科研院所、党政机关等联合培养人才新机制,通过共同制定专业培养要求,共建实践教学基地和实验室,创新课程教学内容和教学模式,组建联合教学团队等形式,形成了各个高校的产教融合、协同育人的人才培养模式。校企共建实践基地,不仅解决了高校实习实训场所欠缺的难题,企业还通过接收学生参加实习实训,让学生更加深入地了解企业,为企业吸引更多优秀人才起到良好的宣传推广作用。

人才联合培养共建实践基地模式有一定的理论和实践意义。

(1)产教融合联合培养基地的设立有助于深化学校教育与企业人才培养协同发展,着眼于社会当前和未来的需要,提高学生实践能力,实现学校、企业、学生三方合作共赢。

(2)产教融合联合培养基地以学生实习、实践、创新孵化为契机,形成鲜明务实的合作模式,本着深化交流、优势互补、共同发展的原则,加强完善合作机制,进一步探索产教融合联合培养方面的做法和经验,深化教育改革,探索应用型专业办学出路。

(3)在校企联合培养共建实践基地模式下,多方主体共同参与高校人才培养,进一步加强了各方的合作与交流。这种模式也适应社会发展对高素质应用型人才的客观需求,为培养专业知识扎实、实践能力强、综合素质高的应用型人才提供良好的平台。

(二)人才联合培养共建实践基地条件和保障

1.人才联合培养共建实践基地条件

校企联合培养的合作单位应为具有较大规模、较强实力、较高知名度、管理制度规范的企事业单位、社会组织等,与国家和区域经济社会发展重大战略对接紧密,与各培养单位在协同创新、科研攻关、人才培养等方面有较好的合作基础。合作单位一般应符合以下条件:①在相关学科专业研究或行业领域具有显著特色和一定的代表性;②具有一定数量并符合聘任条件的指导教师,满足学生实践教学需要;③具备联合培养所需要的教学科研、工作和生活条件;④具有相对完整的联合培养管理机制,能够规范管理并保障研究生联合培养质量;⑤合作双方能够长期稳定、规范有效运行。

校企联合培养基地,应正式签订合作协议,明确建设目标、建设内容、期限、双方权责利、条件保障等内容,推动联合培养基地科学化、规范化管理。校外基地建设应坚持正确的育人导向,建立相对稳定的高水平校外导师队伍,建设一批高质量的教研合作课程或项目,产出一批高质量的科技创新或实践应用成果,打造科教融合、产教融合人才培养模式的样板,发挥典型示范作用。校外教学基地一般应由培养单位牵头建立健全、合作单位在制定培养方案、课程建设与教学、专业实习、实践课题以及学位论文等各环节全程参与的合作机制,通过经验积累,形成一整套具有专业或行业特色的应用型人才联合培养育人模式,具有一定的可复制性、可推广性。

校企联合培养基地可设立学生联合培养管理办公室,负责指导导师遴选、招生宣传、师生互选、学生思想政治教育与日常管理等工作;严格实行双导师制度,由校内外导师共同负责学生培养。

2. 人才联合培养共建实践基地保障

学校可设立联合培养校外基地建设专项经费,采取年度立项方式,滚动支持联合培养基地建设与联合培养相关工作。校外基地建设实行动态管理,一般满2年进行一次考核评估。考核优秀的,予以表彰并继续滚动支持;考核不合格的,视具体情况给予限期整改直至撤销。

学校重点从以下几方面考核示范基地建设成效:①合作单位数量及科研创新能力或产业水平;②合作单位为学生提供的实践岗位质量与物质生活保障条件;③受聘校外指导教师的数量和质量;④联合培养学生的创新实践成果;⑤横向合作科研项目数及经费总额;⑥共建省市科研和技术创新平台数;⑦获得省部级科技成果奖励数及等级。

二、搭建产教融合平台,建设产业学院模式

(一)搭建产教融合平台,建设产教融合实训大楼

伴随着高校产教融合强烈的意愿,地方高校纷纷着手搭建产教融合平台、建设产教融合实训大楼。以湖北经济学院为例,该校近年来响应地方高校转型发展的号召,成立了产教融合办公室,引企驻校、合作办学、共建共享、产教融合。该校的创意产业教研与实训大楼项目于 2021 年落成投入使用,是湖北省属高校创新应用型人才培养的重要平台。该实训大楼以现代服务业为主要业态,重点引入孵化器运营企业、文创企业、金融企业、大数据应用企业、商业零售企业、餐饮企业等。符合条件的入驻企业,将被优先推荐为"产教融合型企业",经政府主管部门认定后,获得"金融+财政+土地+信用"的组合式激励,以及"财税、投资、金融、用地、价格"优惠政策。

产教融合实训基地建设应遵循"聚焦实训、搭建平台、创新模式、组建联盟、产教融合"的发展思路,重点围绕地方高校经济重点发展方向,搭建线上培训平台,全面推行菜单式线上技能培训;搭建职教园区公共实训平台,用活用好职教园区公共实训中心优势资源,鼓励引导高校学生开展常态化实训实习;搭建龙头企业实训平台,围绕区域优势产业,鼓励龙头企业在生产经营一线创建实训基地,同时,充分发挥劳模工匠工作室、职工创新工作室等平台作用,建立以现代师徒制为主导的技能人才实训平台,选拔企业优秀技能人才、地方院校优秀学生开展常态化实训活动,搭建地方院校实训平台,通过校企共用,创建"订单式""嵌入式"教学模式,开设定向委培办、企业冠名班,实现技能资格与学历证书"双证"融通。

(二)条件成熟的地方高校积极建设产业学院

产业学院是立足区域产业发展,依托地方院校专业建设,以高质量人才培养为主要目标,整合院校和行业企业优势资源共同打造的产教融合、校企合作的育人共同体。

2020 年 7 月,教育部、工业和信息化部研究制定了《现代产业学院建设指南(试行)》,提出经过 4 年左右时间,以区域产业发展急需为牵引,面向行业特色鲜明、与产业联系紧密的高校,建设一批现代产业学院。产业学院是

实现职业教育与产业领域精准对接的重要桥梁与纽带,也是培养产业需要的高素质应用型、复合型、创新型人才的重要平台与载体。2021年12月教育部公布首批现代产业学院名单。以教育大省湖北省为例,全国49所高校的50个现代创业学院入选,湖北省湖北工业大学芯片产业学院和湖北汽车工业学院东风HUAT智能汽车产业学院两所学校共同入围。

建设产业学院以学生为主体,学生要受益,能深入企业践行岗位;学校要受益,便于教师教研、科研工作的开展;企业要受益,合作开展不能对品牌造成负面影响,要附带产生经济效益。以上这三点是合作的前提和基础。针对产业学院建设中要注意课程融入、体系化课程资源、师资互通、课证融通、学生实习就业、校企合作形式的具体实施,就校企深度融合、高质量人才培养共育、产业学院发展方向、标志性成果打造等方面进行探讨,为共建产业学院打下了坚实的基础。

(三)搭建产教融合平台,建设产业学院的意义

产教融合、校企合作是办好职业教育的关键所在。产业学院作为地方应用型高校、职业院校的一种新的办学形态,对于创新校企合作办学机制、实现产教深度融合,具有重要而积极的意义。

现代产业学院肩负建设高水平教师队伍、开发校企合作课程、打造实习实训基地、搭建产学研服务平台、提升专业建设质量、完善管理体制机制、创新人才培养模式等七个方面的建设任务。校企强强联合,搭建产业学院大平台,推进校企共建产业学院的探索。打造"产学研用"融合形态,坚持推进项目驱动式人才培养模式综合改革,实现专业培养与产业需求对接、课程内容与职业标准对接、教学过程与生产过程对接。通过基础技能训练培养学生的专业基本实践能力、专项技能培养学生的专业核心实践能力、综合技能训练提升学生专业综合技能水平及就业能力;通过开展生产性实训,在真实实践项目中进一步培养学生的工匠精神,提高综合实践及创新能力,推动人才供给与市场需求直接互动,构筑"产学研用"融合发展新形态。充分发挥企业在产业学院人才培养工作中的作用,高质量推动产教融合进程,深化校企合作内涵,提升创新能力和科技水平,对双方更深层次发展起到重要的推动作用。

　　地方高校在产业学院运作模式方面,可采取"合作+"这一理念指导,以"产业+"模式共建产业学院,以"行业+"模式共建行业联合学院,以"智库+"模式共建创新团队,以"项目+"模式共建工作室。

　　总之,产业学院建设是一盘大棋,其魅力远不止于此。未来,如果在专业建设、人才培养、技术服务、学生创新创业等方面形成一批高质量建设成果,将为地方高等院校现代产业学院建设提供可复制、可推广的新模式和新范本。

三、大学科技园模式

(一)大学科技园模式的概念及分类

1. 大学科技园模式的概念

　　大学科技园是国际上最早的新经济源头和新兴产业策源地,是国家创新体系的重要组成部分,是经济发展和行业技术进步的主要创新源泉之一,也是我国创新型国家建设核心载体与服务平台,更是新时代支撑科技自立自强的战略力量与创新生态中枢,是实现一流大学社会服务功能和产学研结合的重要平台。大学科技园是指以具有科研优势特色的高校为依托,将高校科教智力资源与市场优势创新资源紧密结合,推动创新资源集成、科技成果转化、科技创业孵化、创新人才培养、开放协同发展功能,促进形成科技、教育、经济融通发展的科技服务载体。大学科技园模式指的是以高校为中心,依托高校在科技、人才方面的优势,与企业共同创办高新科技企业孵化器,实现研发、生产与推广的相互结合。

　　中国的大学科技园目前主要还是以知名大学或大学群体为依托,利用大学的人才、技术、信息、实验设备、文化氛围等综合资源优势,通过包括风险投资在内的多元化投资渠道,在政府政策引导和支持下,在大学附近区域建立的从事技术创新和企业孵化活动的高科技园。它是高校技术创新的基地、高科技企业孵化的基地、创新创业人才聚集和培育的基地、高新技术产业辐射催化的基地。

　　世界百年之大变局中,经济全球化更加深入发展,人类社会的生产力得到更高程度的发展和释放,世界作为一个整体的发展水平得到显著提高。

新一轮科技革命,多种重大颠覆性技术不断涌现,科技成果转化速度明显加快,产业组织形式和产业链条更具垄断性。中国处于这轮百年变革的前沿,经济长期向好,继续发展具有多方面的优势和条件。从全球范围来看,大学科技园不仅是全球新经济发展的源头,还是教产协同创新与产教融合发展的核心载体,更是高科技创业带动高水平创新的战略性功能平台。大学科技园模式能够充分利用高校的科研、师资力量等有利资源,以高校为主体,孵化高新技术产业,最终带动区域经济发展。

2. 大学科技园模式的类型

我国大学科技园模式目前主要有三种类型:学校主导型大学科技园、政府主导型大学科技园以及公司化运作大学科技园。

(1)学校主导型大学科技园。学校主导型大学科技园,主要以大学为主导来运行和管理,政府对此类大学科技园的支持仅起辅助作用。这类大学通常具有较强科研实力,能够利用自身的研发优势、人才优势与其他社会优势资源结合,促进科技成果转化与创新创业人才培育,最终打造产学研一体化的综合性服务平台,形成学校主导型大学科技园。湖北省较为知名的武汉大学科技园和华中科技大学科技园就属于这种类型。例如,武汉大学科技园是由武汉大学与当地政府共同出资设立,政府仅派相关人员担任公司相关职务,负责协调科技园与政府的关系,但绝对控股人则是武汉大学。华中科技大学科技园坚持学校主导、政府支持、企业化管理、市场化运作机制,坚持"专业化、规模化、国际化、数字化"战略方向,经过20多年发展,已成为学校科技成果转化的承载地、高新技术企业的孵化地、创新创业人才的培养地、孵化资源的集聚地。

(2)政府主导型大学科技园。政府主导型大学科技园是由地方政府出面,包办规划设计、土地一级开发以及招商引资,大部分以"城市+高新区""城市+经开区"冠名的产业园区都属于这一类。这种类型科技园政府负责招商引资,联合园区内高校共同建设和管理科技园,往往是一个科技园几个学校共同组成。南京大学鼓楼高校国家大学科技园属于此种类型科技园。该科技园由南京市鼓楼区人民政府和南京大学发起,联合了南京八所高校共同创建,共同开创资源共享、优势互补、凝心聚力共建共促发展新局面,实现与高校的"共荣共生"。

（3）公司化运作大学科技园。公司化运作大学科技园又被称作市场化运作大学科技园，主要由政府或大学牵头建立，但其运行方式完全按照公司化管理和操作。这种模式一般由校资产公司和社会其他公司共同出资，引入市场化机制，建立相应的运作平台，在科技园成立新的发展有限公司，例如江苏的东南大学、上海复旦大学就是走的这种科技园模式。

以上三种大学科技园模式，依托的高校大多是高新技术企业孵化、创新创业人才培养、服务社会经济发展等方面教科研基础较好、人文资源优势明显的头部高校。这些产学研基础较好、科技成果转化优势明显的高校，具备相关条件，经政府部门审批，方可投入大学科技园的建设工作，此种模式对人才培养质量、人才培养创新能力、人才培养创新思维发挥着积极作用，但并非适用于所有地方高校，尤其是产科研基础较弱的地方高校，不具备创立或者加入大学科技园建设的条件。

（二）地方高校大学科技园模式的探索

20 世纪 80 年代中期我国开始探索国家大学科技园之路，1990 年 1 月，东北大学率先建立了东北大学国家大学科技园，之后各地区政府和高校开始建立各种形式的大学科技园，行业进入初期成长阶段。进入 21 世纪，政策规划提高了大学科技园建立的数量和规模，特别是 2014 年，随着北京大学、清华大学、北京航空航天大学等 14 家重点高校共同发起成立国家级大学科技园研究会后，国家级和省级大学科技园更是得到进一步发展，尤其是各个省级大学科技园陆续开设，这些大学科技园引领推进了大学与企业的产教融合、协作共赢以及产学研一体化，促进了科技创新和应用。截至 2021 年，全国 2 874 所高等学校，国家级大学科技园数量上升至 141 家，基本上覆盖了全国所有"985"高校和"211"高校。

随着国家级大学科技园不断发挥带头作用，很多地方政府和地方高校纷纷探索省级大学科技园模式。近十几年来，省地联动、校地合作、多方参与、共建共管的省级大学科技园屡获审批。以教育大省湖北省为例，为推进湖北省大众创业万众创新纵深发展，激发湖北省地方高校创新活力，2022 年 7 月 15 日鄂科技发区〔2022〕17 号文件《湖北省科学技术厅、湖北省教育厅关于认定第一批省级大学科技园的通知》发布，共有 7 所大学科技园拟入选，除了一所是职业技术学院外，其他都是湖北地方本科高校（表 3-1）。

表 3-1   2022 年湖北省第一批省级大学科技园名单

序号	申报名称	建设主体	依托高校
1	襄阳市大学科技园	襄阳市大学科技园发展有限公司	襄阳职业技术学院
2	长江大学科技园	长江大学资产经营管理（荆州）有限责任公司	长江大学
3	湖北理工学院科技园	湖北理工资产经营管理有限责任公司	湖北理工学院
4	湖北民族大学科技园	恩施州硒源科技创业服务中心	湖北民族大学
5	湖北汽车工业学院科技园	湖北汽车工业学院资产经营有限公司	湖北汽车工业学院
6	三峡大学科技园	宜昌求索科技孵化器有限公司	三峡大学
7	湖北师范大学科技园	湖北鼎力教育科技有限公司	湖北师范大学

我国最具代表性的大学科技园为中关村科技园区，被誉为"中国硅谷"；湖北地区比较有代表性的大学科技园为武汉大学科技园和华中科技大学科技园，这些科技园成为各类孵化器，科技成果转化和高新技术企业成长的摇篮。地方高校成立时间晚，师资力量、科研能力弱于头部高校，这些新成立的科技园，探索之路还很长，带动地方经济发展的力度还有待检验。各省级大学科技园可围绕地方战略布局，根据区域经济社会发展和产业发展的实际，与区域关联领域开展协同攻关和研发。促进校地联动，依托区域特色，联合共建试点、示范项目，引领、带动区域发展新兴产业，探索新模式，推动平台经济有序合规发展。聚集校内创新资源，开放公共资源，链接校外资

源,整合资源优势,依托校内科研、教学资源,探索科技设备开放共享,共建校地、校企联合实验室、研发平台,打造区域校地共建新模式。

各地方政府要加强对大学科技园建设的指导和支持,发挥绩效评价等政策工具的引导作用,推动大学科技园进一步完善体制机制,明确功能定位,聚焦专业领域,提升发展水平。

第二节　当前国内酒店管理专业产教融合人才培养主要模式

一、工学交替人才培养模式

(一)工学交替人才培养模式概念

我国最早进行工学交替人才培养模式始于1985年,当时上海工程技术大学纺织学院与加拿大滑铁卢大学合作,该校探索并实验了一年三学期的工学交替教学模式。工程技术大学纺织学院的这次试验,被视为我国"工学交替"人才培养教育模式的标志。2006年3月,教育部印发了《关于职业院校试行工学结合、半工半读的意见》,提出:把工学结合、半工半读作为当前和今后一个时期职业教育改革创新的重点,把有效推进工学结合、半工半读作为高水平示范性职业院校建设的标准之一,对于做出成绩的职业院校,给予表扬和奖励。2016年教育部等五部委印发《职业学校学生实习管理规定》(国发〔2016〕3号),提出要依靠行业企业发展职业教育;要逐步建立和完善工学交替、分段式、学期制、校企合作的培养制度,实现新时期我国职业教育改革和发展的新突破。党的十九大报告中也明确提出:在我国现阶段要"完善职业教育和培训体系,深化产教融合、校企合作"。

关于工学交替的概念目前没有统一定义。从广义上讲,工学交替是指无论学生的工作时间与学习时间长短,超过一个"工—学"交替循环周期,统称为"工学交替";狭义上的工学交替是指学校将整个育人周期划分为两个学期,全日制学习学期,学生在学校进行理论进修,全日制工作学期,学生在工厂或者企业跟岗、顶岗,完成实践操作见习,最终形成一个闭环的完整教学周期,才能修完所有学分,达到毕业标准。

笔者认为工学交替最基本、最本质的属性是教育属性。它通过以社会和市场需求为导向,充分利用学校和企业两种不同的教育环境和教育资源,把课堂教学与实际工作紧密结合,达到培养学生的全面素质、综合职业能力和就业竞争能力的根本目的。

工学交替人才培养模式是一种较为灵活的学校和企业共同培养的双循环模式,是以职业人才培养为主要教学目标,学生在企业生产实践与学校学习相互交替,培养学生在相关职业方面的全面素质、职业技术应用能力,学用结合以提高就业竞争力的教育模式。学校、企业、学生都是工学结合的主体。在工学交替人才培养模式中,学校是校内授课主体,企业是校外实践主体,而学生是践行者主体。

(二)工学交替人才培养模式特点

工学交替这种职业教育模式在国外运行了很多年,并得到了较好的实施效果。第五次世界合作会议对工学交替提出以下 5 点特征:人才目标、教学质量、教学主体、生产工作、起止时间。(表3-2)

表3-2　工学交替特征

人才目标	培养应用人才是工学交替教学的根本目标
教学质量	教学质量应保持较高的水平,服务于人才培养
教学主体	高校和用人单位共同参与人才培养过程,包括教学计划的制定、教学过程的管理等
生产工作	学生从事生产活动是教学计划的重要组成部分,并且具备明确的占比,是学生成绩考核的指标之一
起止时间	有明确的教学起止时间,符合学校学期

和传统的以学校为主的教育模式相比,工学交替人才培养模式具有以下特点:①交替是一种合作教育,教育过程是由学校和用人单位合作共同完

成的。②工学交替将传统的学生先学理论知识,后进行专业实习的教学模式,变为理论学习和操作技能实习交替进行,从而使学用紧密结合。③在工学交替的学习过程中,学生既是学校的在校学生,也是实习企业的员工,具有双重身份。④在工学交替的教学过程中,充分利用学校和企业两个教学场所、学校和企业两个教学资源。

学校采取工学交替人才培养模式后,学生具有很强的目标意识,能够采取主动积极的方式去学习,该模式的重点在于怎样提高学生的职业技能和综合能力。这一模式要求学生在校内进行两个学期的理论知识学习,剩下1~2个学期让学生到企业进行顶岗实习,在整个求学的过程中,这样的交替学习不断地重复,由理论带动实践,由实践推动学习。现代工学交替模式特点如下:

1. 紧缩理论强化技能

改变传统教学模式,紧缩理论强化技能。以够用为度来实施理论教学,采用启发式、引导式、讨论式、案例式的教学方法。教学场所多元化,可在教室、实验室、实训室、企业操作现场等场所进行,并且加入多媒体、网络等现代化教学手段。在实践教学中,强化技能训练,坚持以学为本,让同学们参与其中,亲自操作,动手动脑。在单项技能训练中,采用项目驱动教学法,真题实做,使学生感受到学业与就业是紧密联系的,充分重视职业素质培养,努力让学生通过实验、实训教学来获取就业的基本技能和创业的基础本领。

2. 企业全程参与教育教学

工学交替人才培养模式的主导实施者是企业的生产车间或者企业经营现场,在学生实习期间负责对学生进行专业技术指导或岗位培训,每周安排企业工程师结合岗位情况给学生开设专业技术课和与专业有关的基础知识。企业管理人员或者工程师,可随时指导学生使用生产一线的设备,企业管理人员或者工程师成为学生的师傅,实习企业就成了学院教学的一部分。

3. 考核体系多元化

工学交替人才培养模式,把在企业生产车间或者经营现场的实践助学环境和在学校专业的学业学习环境有机地结合在一起。企业现场不仅仅是学生实习的场所,同时也是专业技能、沟通能力、管理经验积累的学习场所。

学生在企业现场既是技术的学习者，又是技术应用者，从而拓宽了学校的教学空间和学生的学习空间。这两种学习环境相互交替，促进了理论知识和实践操作的有机结合。根据职业素质标准制定，工学交替模式突出岗位技术应用能力和创新能力的理论与实践两套考核体系。理论考核侧重考查学生对所学专业知识的应用能力和分析问题、解决问题的能力。实践考核是根据企业实训要求建立起来的职业技能考核标准，以考核学生职业能力为主。学生实践考核应邀请生产一线的工程师、技术专家、企业管理者共同参与考试内容的修订，形成多元化的考核体系。

4. 毕业与就业"零过渡"

工学交替人才培养模式是把课堂上学的系统理论在工作实际中予以实践，并且从理论方面对实践工作提出合理化的建议和措施。学生通过到企业实践，了解企业实际需要，熟悉岗位需求和专业技术工作的基本环节，切身体会专业技术人员的职业素质要求，以培养自己适应社会的能力和解决实际问题的能力。学生在实践中找出自身状况与企业需要之间的差距，以保证在后期的学习过程中及时弥补所缺的相关知识和技能，为将来的求职与工作做好必要且充分的准备，从而缩短从学校步入社会的心理转型期，真正实现毕业与就业零过渡。

(三)工学交替人才培养模式的运用

1. 酒店管理专业工学交替的发展背景

改革开放以来，中国经济快速发展，吸引了一大批国际酒店管理集团在中国开发酒店市场，国外的万豪集团、洲际集团、希尔顿集团、香格里拉集团、凯悦集团、温德姆集团、雅高集团、四季集团、凯宾斯基集团等知名酒店品牌纷纷进入中国酒店业市场，并得到快速发展。国内的酒店集团华住集团、首旅集团、锦江集团、万达集团、亚朵集团等后起之秀迅速崛起，在激烈的市场竞争环境下，大量的本土酒店品牌已经进入世界前列，中高端酒店品牌也接连落地，走上独立发展之路。中国酒店行业的快速发展催生了大量的就业机会，酒店行业就业率远远超出传统型行业。酒店管理专业作为现代服务业特色专业，其广泛的就业空间和就业市场，吸引了大批中高职院校和应用型本科院校的注意力，在招生规模上，也一直在现代服务业相关专业中稳居前三名。中国酒店产业多年的快速发展,也为酒店管理专业工学交替的实习基地建设,提供了良好的孕育环境,并且形成工学交替的客观市场环境。

酒店管理专业经过几十年的发展探索,也形成了本专业特色的工学交替人才培养模式。校企双方根据企业岗位实际需求,共同研制教学计划,合理设置课程,充分利用学校的教学设施和师资力量同企业的生产现场相结合,委派企业的能工巧匠到学校任教共同开展人才培养。通过与企业的深度合作,学生经过在校学习和下企业顶岗实习,达到专业化技能训练的效果,适应合作企业人才需要。

2. 工学交替人才培养模式具体实施

酒店管理专业工学交替人才培养模式,在高职和应用型本科高校通常是进行分段式的教学。目前我国绝大多数三年制高职院校酒店管理专业通常采用"1+0.5+1+0.5"模式或者"1+1+1"模式。"1+0.5+1+0.5"模式中第一年学生在学校完成酒店管理专业理论知识学习(其间会有2周左右的酒店行业认识实习),课程体系主要为通识类公共课以及专业基础课,授课主体为学校公共课和专业课教师;第三学期进入企业进行为期半年的顶岗实习,授课主体为酒店各部门同事和部门领导;第四和第五学期回到学校进行为期一年的酒店管理专业提升课程和管理理论的学习;最后半年时间回到酒店行业再次进行为期半年的企业顶岗实习。"1+1+1"模式则是学生在大学期间,前两年学理论、打基础,完成校内的公共课、专业课和选修课的学习,最后一年集中进行为期一年的顶岗实习和毕业实习,最后一学期预留几周回校完成毕业论文或者毕业设计。

应用型本科的工学交替,与高职院校相比,模式上大致相似,但系统的理论知识会涉及更多的专业课程,在理论深度和广度上有所要求,尤其会对本科毕业论文的撰写或毕业设计有较高的要求,因此在高职高专三年制的基础上,会多出一年的理论学习,目前大多数本科酒店管理专业采取的是"2+0.5+1+0.5"的模式。

不论是三年制还是四年制酒店管理专业,工学交替的人才培养模式,课堂教学与实操教学双场地交叉进行,既避免了单一场地学习的枯燥,又能理论与实践融合,提高学生的理论深度和动手实操能力,有利于培育高质量的酒店管理专业人才。

以武汉商学院酒店管理专业为例,在深入学习实践科学发展观过程中,酒店管理专业结合实际,坚持以学生就业为导向,大胆创新实训模式,寻找校企合作突破口,与武汉、浙江、上海、北京、深圳、江苏等经济发达地区的中高端酒店集团,建立了长期稳定的校企合作关系,开展酒店专业"校企合作、工学交替"活动。目前该校酒店管理专业专科班采取"1+0.5+1+0.5"工学交替模式,本科生采取"2+0.5+1+0.5"工学交替模式。学院充分利用学校内、外不同的教育环境和资源,把以课堂教学为主的学校教育和直接获取实际经验的校外工作有机结合,贯穿于学生的培养过程之中。在这一过程中,学生在校内以受教育者的身份,根据专业教学的要求参与各种以理论知识为主要内容的学习活动,在校外根据市场的需求以"职业人"的身份参加与所学专业相关联的实践工作。这种教育模式的主要目的是提高学生的综合素质和就业竞争能力,根据市场变化和社会需求改革课程设置,培养能够适应社会发展的应用型人才,最终实现学习与生产密切接触,理论与实践紧密相连的教学"零距离",毕业生从学生到员工角色快速转换的就业"零过渡"。

工学交替人才培养模式是各高校谋求自身发展、实现与市场接轨、大力提高育人质量、有针对性地为企业培养实用型人才的重要举措,能让学生在校所学与企业实践有机结合,让学校和酒店的环境、资源实现优势互补、资源共享,以切实提高育人的针对性和实效性,提高应用型人才的培养质量,是专业强化品牌战略、深化校企合作的一个重要举措,能够将酒店管理专业服务地方的办学宗旨落到实处。

(四)工学交替人才培养模式注意事项

1.优选合作企业

改革开放以来,随着人们生活质量的逐渐提升,酒店行业的蓬勃发展,国内外星级酒店如雨后春笋般在全国各地涌现,与此同时酒店行业也出现了劳动力紧缺的问题,特别是一线员工缺口较大,很多酒店将目光投向了酒店管理专业的在校学生。目前各大高校酒店管理专业都和酒店行业互动频繁,建立了校企合作的实习基地,并且积极推进工学交替的人才培养模式,有的甚至开办了订单班。但从实际效果来看，并不是所有的酒店都能积极配合学校和学生的要求，愿意花时间、花成本，从教育的本质出发精心地培养学生。有些酒店仅仅只是把学生当成廉价劳动力，将校企合作的实习环节，视作解决劳动力不足的捷径。

因此学校在优选合作企业的过程中，可遵循以下几个遴选条件。

（1）实习单位应当合法经营，应具有良好的社会声誉，无违法失信记录。实习单位应当管理规范，近3年无违反安全生产相关法律法规记录。

（2）实习企业应满足一定数量的学生进行教学实习所必需的食宿、学习、工作、劳动保护和安全卫生等方面要求的条件。

（3）实习企业的实习设备完备、所提供的实习岗位符合专业培养人才目标要求，与学生所学专业对口，行业头部企业优先。

（4）实习企业应当具备经验丰富、业务素质好、责任心强、安全防范意识高的专门实习指导人员，并能全程指导、共同管理学生实习。

（5）实习企业重视实习工作，管理先进，在规模、层次和水平上具有一定的代表性。实习选取企业一般为上市企业、国企、外企等。

（6）学生参加岗位实习前，学校、实习单位、学生三方必须签订实习协议。协议文本由当事方各执一份。拒绝签订三方实习协议或不按规定签订实习协议的，不具备实习企业的资格。

除此之外，学校在遴选合作企业的时候，也要遵循以下几个原则。要把能完成人才培养方案和实习标准规定的各项内容，能确保实践性教育教学质量放在首位来考虑。坚持长期、稳定的原则。尽量选择与学校合作时间长、合作关系稳定的实习单位。坚持"安全第一、预防为主"的原则。实习单位应当强化实习单位主要负责人安全生产第一责任人职责，严格执行国家及地方安全生产、职业卫生、人格权保护等有关规定。

2. 完善实习管理及考核制度

学生在用人单位顶岗实习期间，其身份不仅仅是学校的实习学生，同时还是企业的一名员工。实习学生的双重身份决定了其管理的特殊性。为了保证顶岗实习的顺利进行，可以从以下方面进行改革。学校负责实习单位的日常管理和监督工作。为促进实习单位建设和管理的规范化，学校相关职能部门不定期地对实习单位进行检查,评估教学实习情况。学校和企业可成立双方联合的管理机构,以便发现问题时校企双方能及时地沟通,并尽快找到有效的解决方法,尤其是工学交替的开始阶段,可成立专门的校企双方协调机构。校企双方应共同制定切实可行的实习学生管理的规章制度并严格执行,包括基本的考勤制度、安全操作制度、实习表现的考核制度和奖惩制度等。也可以将学生的实习表现和毕业年限挂钩,对学生的顶岗实习产生一定的压力和动力,促使学生能遵守企业单位的规章制度和相关操作规程,并积极主动地学习相关技能。

(五)工学交替人才培养模式的意义

1. 推进学校教育改革,成就学生职场人生

工学交替是教育部提倡的一种人才培养模式,是高等职业院校、应用型本科高校学生接近社会的窗口,是提高学生学习目的性的重要手段,是学校推进教学改革的需要,是学生完成学业的实践方式。学院实施产学结合、工学交替的人才培养模式,让学生提前进入社会,认知企业,就是基于提高学生实际操作和社会适应能力的根本需要,是为学生将来充分就业,成就职场人生提供能力和素质保障的重要举措。

2. 有利于提高学生专业技能和解决实际问题的能力

现代服务业一直对应用型高技能人才的需求较大,酒店管理专业要高度重视实践历练在人才培养中的重要作用。学生在基层岗位实践中,注重理论联系实际,努力提高专业技能和解决实际问题的能力,还要严格遵守职业规范,自觉锤炼吃苦耐劳的品质,真正使顶岗实习的实践活动成为大学生人生奋斗的新起点,为今后职业发展和服务社会注入持久的动力。工学交替人才培养过程中,要充分建立学校与酒店之间的联系,利用工学交替的模式开展实践教学,以不断提高教育教学的时效性,这也是顺应时代发展要求的必然选择。

3. 利用校企合作平台,打造"双师"队伍建设

学校可充分利用校企合作平台,构建学校专职和企业兼职的两支力量,共享教学资源,人才双向互动,以任务驱动和项目导向完成开放式的职业教育教学过程,实现整体效应,达到教学团队师资结构的重构。依托校企合作平台,按照企业锻炼、校外引进、行业企业聘请、国内外培训、承担应用技术研发课题等思路,严格按照学院兼职教师聘用与管理制度,强化兼职教师管理。学校针对新入校教师和尚未具备"双师"素质的专任教师,每年轮流选派专职教师脱产到对口企业进行为期半年或一年的实践锻炼,并通过参与项目研发等途径进行"双师"素质教师的培养,使"双师"素质教师比例逐年递增,最终打造学校内部的"双师"型结构教学队伍。

二、订单式人才培养模式

(一)订单式人才培养模式的概念

20 世纪 90 年代,我国加快了改革开放的步伐,深入实施改革开放政策,拆开制度性壁垒,实行多元化经济管理体制,以市场机制为主要经济管理体制,计划经济的宏观经济控制体制向市场经济体制转变。与此同时,中国高等教育在办学体制上,一方面,建立了中央和省级两级政府办学为主,逐步形成多元化办学主体,除了公办高校,很多企业、社会组织、科研机构等主体积极主动地参与到高等学校办学体系中;另一方面,民营资本的加入,进一步扩大了高等院校办学的资金来源,民办高校迅速发展。中国大学遵循学术逻辑,扩大了大学的自主权,建立了开放竞争的学术市场。90 年代末期,市场经济和高等教育的进一步多元化发展促进了"订单式"人才培养模式的形成。20 世纪初美国辛辛那提大学最早开始尝试一种"合作教育"的人才培养模式,之后在美国多所高校迅速传播,而后英国、德国等国家的职业院校进一步跟进探索,广泛地采取这种教学模式。

我国职业教育、高等院校在 20 世纪 90 年代,逐步形成中国特色的"订单式"人才培养模式。作为一种新的教育培养模式,订单式人才培养模式以市场需求为导向,开创了一种开放式办学新格局,因而备受高等院校一些实践性强的专业的青睐。所谓订单式人才培养模式,就是企业根据其对未来不同规格人才需求的情况,与有关院校签订培养协议,然后由学校按照学校的教学计划和用人单位提出的人才规格和数量要求进行培养,并在师资、技术、办学条件等方面合作,通过工学交替的方式,分别在学校和用人单位进行教学,学生毕业后直接到用人单位就业的一种人才培养模式。

随着酒店行业的快速发展,对高技能的管理人才的需求也在不断增加,而传统的课程培训方式已无法满足这种需求。因此,订单式培养模式应运而生,其宗旨是为了满足当前的酒店管理类职位的需求,以有效的方式促进酒店行业的技术创新和管理能力的提高,并且培养出更具有价值的人才。酒店管理专业订单式培养模式指的是根据酒店对特定管理人才或技术人才的需求,与高校签订人才培养协议,对课程内容、目标和资源进行定制化,企业和学校共同参与对学生的"定制化"培养,从而使订单班学生达到企业岗位要求,培养出合格的酒店职业经理人或技术人员。

(二)订单式人才培养模式的特点

(1)校企双方共同签订协议,共同制订人才培养计划。学校和企业必须根据市场变化、企业及学生的需要,结合当地经济社会发展的实际,遵循高等教育教学规律,就需求结构(包括专业要求和数量规模)、确定岗位技能训练计划、相关待遇(如奖/助学金、就业)等共同制定一个符合培养方、委托方、受教育者三方利益的人才培养计划,作为对"订单"的具体和细化。这种人才培养计划有很强的岗位针对性,能大大缩短学生就业后的岗位适应时间,甚至做到无缝衔接。

(2)利用校企双方教育资源共同培养人才。根据订单的约定,校企双方在人员培养过程中是一种合作互利的关系,为使培养出来的人才真正符合订单及职业岗位的要求,保证企业用人的质量,企业应全方位、深层次地参与人才培养过程,即不仅参与培养计划的制定,而且参与人才培养计划实施的全过程。为此,校企双方都会充分利用现有的一切有利条件,投入相应的人力、财力、物力,提供相应的教育教学设施设备。因此,这种人才培养模式更能充分整合社会教育资源,提高教育效率。

(3)依据科学规律,灵活安排教学时间与教学内容。由于企业参与到人才培养的全过程,学校或企业可以根据教学规律和学生认识的规律,灵活地安排学生的学习和实践,使学生在有限的学习时间里,既能学习到必要的基础知识,又能熟练掌握岗位所需要的技能,真正把"学"和"做"、理论和实践有机地结合起来。

（4）直接面向用人单位,具有较强的针对性。"订单式"人才培养模式,直接面向用人单位,培养实用型人才,避免了人才培养的盲目性,具有较强的针对性。学生的学习目标明确,学习主动性和积极性高,有利于学生职业素养的形成,缩短了学生进入企业的适应期,彰显了校企合作、工学结合的人才培养特点,能够实现学校、企业和学生三方共赢的效果。培养的毕业生不仅具备扎实的专业知识和较强的实践能力,而且还具备了良好的职业素养,深受用人单位的重用。

（三）订单式人才培养模式的种类

1.根据企业参与程度划分

根据校企订单培养模式的不同情况及企业参与、介入的程度,可分为以下三种参与模式。

（1）企业全程参与。这种模式是企业从招生、人才培养方案制定、授课、学生管理等方面,完全参与学生培养的整个过程。在对学生统一管理的过程中,以学校为主,企业为辅。企业全程参与学生培养过程,是企业对学生负责的一种体现,是校企之间的一种紧密性合作模式。

（2）企业部分参与。这种模式是企业以专业指导委员会的身份,对学校的人才培养方案从企业角度出发,给予行业指导并提供专业意见;向学校提供实习岗位接纳学生实习,并定期给学生作专业讲座;但企业基本不介入学校教学过程。

（3）企业完全不参与。这种模式中,企业认同学校的品牌,与学校达成合作意向,招聘考核合格的学生入职企业工作。

2.根据企业资助程度划分

（1）企业全额资助。这种模式是指学生大学期间所有的学费由企业承担,甚至有的企业为了表达诚意,也会签订协议,每个月对学生发放生活补助或者奖学金。当然,学生在企业冠名的订单班,必须按照校企共同制定的人才培养方案,修完所有理论学分,并在企业参加顶岗实习拿到企业实习学分,在学生毕业后必须完成为企业服务合同规定的年限,方可再次择业。

（2）企业部分资助。企业对合作的专业,提供一定资金的赞助费,资助专业的发展,并对订单班学生给予部分学费资助或者助学金资助,受资助的学生按照协议规定完成半年以上或者一年以上的顶岗实习或毕业实习后，学生可与企业达成双向互选协商，进而决定是否签订劳动合同，是否继续在企业工作或者去其他企业就业。

（3）企业不予资助。这种模式，企业在人才培养方案上给予学校意见，但不做强制性要求，学校完全自主培养学生。企业可接受学生实习和就业，学生在企业实习期间，按照实习员工领取实习报酬，学生实习结束后，可选择在企业继续就业，也可以自行择业，有充分的自由选择权。

（四）订单式人才培养模式的运用

1. 武汉职业技术学院酒店管理专业订单班

近年来，酒店管理专业订单式人才培养模式在很多应用型高校被广泛运用，这种模式的特点主要是定制化、综合性和实践性。高校通过订单式人才培养，可以加深学生对专业知识的理解，拓宽学生的视野，系统地提高其应用能力；还可以加强学生的职业规划能力，锻炼学生的综合素质，为学生就业做好准备；此外，酒店管理专业订单式人才培养模式还可以通过实地考察、案例分析、访谈实践、顶岗实习等形式，进一步结合酒店管理知识，让学生更加熟悉酒店工作流程。

以武汉职业技术学院酒店管理专业为例，该专业创立于2003年，现为教育部现代学徒制试点专业、湖北省重点品牌专业、国家重点专业，湖北省高职院校同类专业中规模最大、实力最强的专业，致力于为全球酒店业培养具有较强责任感、成就感和职业道德的领导型人才。该专业采用订单式校企深度融合人才培养模式，以市场需求为导向，以职业素养为核心，以技能培养为主线，与全球100多家知名酒店积极开展校企合作，为学生提供多元化的职业发展平台，实力打造"低进高出"的成长之路。

多年来，武汉职业技术学院酒店管理专业与国内外高星级酒店管理集团共同培养中高层管理培训人才，大量毕业生已成为酒店行业发展的中坚力量。该专业设有洲际国际酒店集团管培生订单班、雅高订单班、华住酒店集团管培生订单班、新加坡留学精品班、海外就业项目班、中小微经营管理与创业项目班。

2020年武汉职业技术学院，除了华住精英班、万豪"雏鹰"管培生班、洲际英才班等订单班和新加坡国际项目班,学院还专门为2020级酒店管理专业扩展了徐记店长班,这些订单班和项目班面向200余名该专业新生进行宣讲,经过学生及企业双向选择后,大一新生进入不同的订单班和项目班开展为期3年的定向学习。以徐记店长班为例,该订单班为新增定向培养项目,是酒店管理专业面向高端餐饮业的高端管理岗位的大胆尝试,通过徐记"七三零人才培养计划项目"考核的学生将会担任徐记海鲜店长,年薪将突破50万元,相关专业教师将同徐记海鲜携手研发餐饮服务。

订单班采用"双主体"工学交替教学模式,由学校和企业共同制定人才培养方案,订单班接受全面的学校培养、系统的企业培养培训,扎实掌握专业知识和技能并融入企业文化,提升自身专业能力和管理素质,最大限度保证毕业生能够适应酒店岗位的要求,形成人才培养规格和酒店岗位的无缝对接,最终培养成为会技能、懂管理的酒店行业高端人才。

2. 浙江旅游职业技术学院酒店管理专业订单班运用

校企合作、订单培养一直是浙江旅游职业学院酒店管理系人才培养的重要特色。早在从2003年开始,浙江旅游职业学院酒店管理系与浙江世贸君澜大酒店主办了世贸班,2009年浙江旅游职业学院酒店管理系面向2009级新生推介订单班。至今浙江旅游职业学院酒店管理系已完成世贸君澜班和名园班组班等校企合作的10个毕业订单班,学生数达379人。

浙江旅游职业学院酒店管理系订单式的培训在学院里已经发展得较为成熟。订单班以模块化教学为特色,采用模块化教学方式,即课程中操作性很强的内容由企业管理人员或一线资深服务人员为学生授课,提升学生以后进入企业的适应能力。培养模式为"全程产学交叉"的"2+1"模式,即2年在校学习,1年在企业实习,但在校的2年中,第一学期安排学生参观订单企业,第二至第四学期安排学生去订单酒店见习2~3周,遵循"理论—实践—再理论—再实践"的教学规律。订单班学生与普通班学生相比,其培养规格的起点较高,成长较快。大部分学生实习结束就业时就能担任基层管理人员,有部分学生在3~4年内就能成为部门经理。

为了让订单班学生更好地融入社会,融入岗位,让企业文化进校园。酒店管理系为学生定制酒店制服,在教室布置企业文化宣传内容,安装空调营造酒店氛围,同时还每学期安排企业高层管理人员为学生开设讲座,使学生更好地了解企业文化。

订单班实现了学校、企业、学生三方共赢。学校遵循了"校企合作、工学结合"的高等职业教学办学思路,为企业培养更适用的人才,服务地方旅游经济。企业能招到更适应企业需要的人才,并缩短人才培养周期。学生一进校门就找到工作,而且工作起点高,且有较好的成长空间。

(五)订单式人才培养模式的注意事项

(1)学生就业前后期望值存在落差。订单式人才培养最大的一个优势就是就业有保障,毕业即可就业,不需要再去找工作,从某种意义上来说,解决了学生就业问题,而且学费免费或者有很大的优惠,对于家庭经济困难的学生,不失为一种不错的选择。应用型高校选择合作的订单班企业,一般都是在发展和效益上处于不错的状态,对员工的需求量大,才会参与校企合作,效益自然也不会差。但是,部分高校出于就业率的考虑,一味地追求订单班的高就业率,容易忽视就业岗位的质量,学生毕业后虽然在企业就业了,但不一定进入核心部门或者自己理想的部门。特别是部分合作企业招生宣传过于广告化,如果学校疏于考察,实际上提供的岗位多是一些技术含量不高、职位低、工资待遇差的低端就业岗位,如此一来势必会损害学生的切身利益。学生毕业后,实际就业环境、就业薪资、就业平台远低于内心就业期望值,只能被迫放弃就业机会,导致学生被动违约的不良后果,这就脱离了订单班的初衷。订单班在后续学生招生中,由于之前的不良口碑,会影响订单班的后续招生和运作,甚至出现"淘汰消失"的风险。因此高校在设立订单班的时候,一定要对企业足够了解,并且事先做好各项考察准备,设身处地站在学生就业发展角度,拟定合同,将风险降到最小值。

(2)合作企业生产经营不稳定导致毁单。近几年,由于受疫情的影响,全球经济的不确定性持续存在,全球增长前景依然疲弱,全球衰退的风险很高。这种背景下,全球企业生产经营过程中不确定性是普遍存在的,这些不确定性是企业风险的来源。企业如果没有对风险进行监控并建立适当的防范机制,当风险发生时,往往会导致企业正常的生产经营活动发生波动,影响正常运作,甚至会导致企业的破产。以酒店行业为例,一部分中小型酒店集团,特别是独立酒店,近几年受疫情因素影响,出现客源不足、经营困难、员工工资发放不及时,导致部分酒店、民宿无法经营,只能关门清算。

企业赞助的订单班,成立时企业经营状况较好,校企合作也很顺畅愉悦;但是企业的经营本身会随市场波动,一旦遇到风险,抗风险能力差的企业,直接面临经营不善、裁员减薪,情况严重时甚至停工停产、破产清算。如此一来,校企合作的订单班会受极大的影响,订单式人才培养方案可能面临终止的风险,学生利益无疑会受到侵害,最终也会影响到高校的社会声誉。

(3)部分毕业生难以达到企业要求标准。订单式人才培养模式的核心是接受企业文化培训,按照企业的岗位要求和标准培养毕业即可上岗的合格人才,实现学生毕业即就业的无缝对接。但是,在实际培养过程中,一方面,由于校企同时对学生进行培养,中间难免出现偏差,再加上部分学生学习过程中,遇到瓶颈,无法完全掌握岗位所需的知识与技能,达不到企业约定的用人标准,学生没有被录用,订单班明确的就业方向和目的都受到不同程度的影响。另一方面,有的企业在赞助订单班的过程中,对学生的考核标准定得太高,考核的依据、标准由企业一方说了算,被淘汰的学生会觉得这个过程和标准欠缺公平公正,导致没有就业的学生对订单班产生怀疑,对企业和学校产生不信任,毁单现象频出,进而使得学生、学校和企业之间产生合同纠纷,造成不良后果。

(4)课程体系的综合评价方式问题。订单班的课程体系,是根据科学的教学规律以及企业岗位用人标准为依据,共同制定的具有订单特色的课程体系。高校设置定向培养的订单班,课程体系的设置要以国家发展为指导,注重思政教育;要以学生的文化课为基础,狠抓学生专业理论基础和文化知识;要以企业岗位需求为依托,在课程设置中增设定向培养的内容,增加企业方的应用型实践指导。校企双方全面参与学生的整个培养过程,使课程体系更全面、更深化、更具专业性。订单班课题系统设计过程中,要注意如下几个问题:课程体系设计的系统性、课程设置的符合度、课程体系对毕业要求支撑关系的合理性,行业、用人单位专家在课程体系设计中的参与度、合理性评价改进措施。

课程体系的综合评价是深化高等教育改革,全面保障和提高人才培养质量,推进专业内涵建设的重要手段。高校订单班要建立面向产出的课程体系合理性评价机制,并将评价结果作为课程教学和课程体系持续改进的依据,确保整个课程体系能够覆盖订单班毕业要求,每门课程能够实现其在课程体系中的作用,支撑毕业要求达成,学校要结合企业、高校、学生的实际情况,动态地执行课程体系实施细则。

订单班课程体系的合理性评价有以下两种方式:一种是培养方案修订过程中,为检验修订质量而进行的审核式评价;另一种是基于毕业要求达成情况开展的诊断式评价。

(六)订单式人才培养模式的意义

酒店管理专业的订单式培养对学校、企业和学生都有重要的意义。

1. 从学校的角度

酒店管理专业的订单式人才培养可以帮助学校建立有效的专业课程体系,能够推动学校教育改革,使得学校更具备竞争力;能够更好地满足企业的需求从而提高学校的教育质量,为学生创造出更好的就业机会;能够培养出具备高质量服务的专业人才,有利于提升学校的声誉。

2. 从行业发展的角度

酒店管理专业订单式人才培养能够提供酒店行业紧缺的合格人才,对于推动行业发展起到重要作用;能够有效地帮助企业招聘和培养适合的人才,从而提升酒店服务质量;可以帮助企业招聘合格的酒店管理人才和高素质的员工,帮助企业保持竞争优势。

3. 从学生的角度

酒店管理专业订单式人才培养能够让学生掌握更多的技能,有助于提升就业竞争力和职业发展机会;可以帮助学生掌握正确的专业技能,更好地应对未来就业环境;可以帮助他们获得专业技能和工作经验,加快就业脚步。

三、现代学徒制人才培养模式

(一)现代学徒制人才培养模式的概念

学徒制,英文翻译为 apprenticeship,也称为学徒制度(apprenticeship

system)、学徒制教育(apprenticeship education)。学徒制曾长期作为发达国家提升员工技能的重要途径,欧洲传统学徒制是行会主导,行会主持订立师徒契约、规定职业标准,学徒期满组织考试并合格后颁发证书。20世纪80年代以后,以德国、英国和澳大利亚等为代表的西方发达国家在吸收传统学徒制的优点并融合现代学校职业教育优势的基础上,建立了现代学徒制。现代学徒制是传统学徒培训与现代职业教育相结合,以"招工即招生、入企即入校、企校双师联合培养"为主要内容的校企联合人才培养机制,是产教融合的基本制度载体和有效实现形式。

新中国成立初期,学徒制曾是工业企业青年技工掌握技能的主要途径。新工人进厂,由企业指定技能高超的师傅进行传帮带,2~3年学徒期满后,企业对其进行技能考核,确定徒弟的技能等级,达不到要求者还要延期出徒。随着我国实施"先培训、后就业"政策以及大力推广职业学校教育,学徒制也逐渐淡出职业教育的主要舞台。

21世纪,我国市场经济逐渐迈向新的发展阶段,技术和社会发展对技能人才提出了新的更高要求,尤其需要他们具备分析和解决生产服务实践中的复杂问题的能力。这些综合实践能力的培养,只能在企业真实场景中通过完成具有范式意义的"发展性任务"才能实现,因此企业学徒培训重新成为高技能人才培养不可或缺的基础性制度。

我国在借鉴西方现代学徒制经验基础上,对中国式学徒制人才培养模式也有长期的实践和探索,陆续颁布了各种推进现代学徒制人才培养的相关文件。2014年教育部颁发了《关于开展现代学徒制试点工作的意见》(教职成〔2014〕9号),提出"积极推进招生与招工一体化,深入工学结合人才培养模式改革;加强专兼结合师资队伍建设,形成与现代学徒制相适应的教学管理与运行机制"。2015年1月教育部又颁发了《关于开展现代学徒制试点工作的意见》,此后,教育部在全国分三批遴选了533家单位开展现代学徒制试点。2020年党的十九届五中全会通过的《中共中央关于制定国民经济和社会发展第十四个五年规划和二〇三五年远景目标的建议》(简称《建议》)中提出,建设高质量教育体系,要求加大人力资本投入,增强职业技术教育适应性,深化职普融通、产教融合、校企合作,探索中国特色学徒制,大力培养技术技能人才。其中,探索中国特色学徒制作为唯一一项具体工作写入《建议》,凸显了中国特色学徒制对职业技术教育改革发展的重要意义和价值,因而需要更加深刻地认识,更加予以重视。

现代学徒制人才培养模式是由企业和学校共同推进的一项育人模式,是指通过校企合作,学校教师和企业"师傅"共同教学、联合培养,对学生以技能培养、职业岗位能力培养为主的人才培养模式。现代学徒制人才培养过程中,充分利用现有实习实训教学场所,结合校外实训实践基地,由导师(企业师傅)和学生(学徒)共同完成引进的企业真实项目任务。培养方式从以往单纯的经验学习到工学交替、理论实践并重,培养目标也从单纯培养熟练技术工人发展为理论与技能并重的高水平技术技能人才。

与普通大专班和以往的订单班、冠名班的人才培养模式不同,现代学徒制更加注重技能的传承,由校企共同主导人才培养,设立规范化的企业课程标准、考核方案等,体现了校企合作的深度融合。现代学徒制人才培养模式是学生、学校、企业的自觉约定和互动,以校企合作为基础,以学生培养为核心,把企业标准、企业项目、企业管理、企业文化与育人过程深度融合,形成了"学生与员工一体、教师与师傅一体、教学与生产一体、学业与产品一体"的职业人才培养模式。

这一模式的灵魂核心,主要包含以下两点:

(1)以校企合作为基础。现代学徒制以校企合作为基础,并且选择的企业将直接关乎现代学徒制教学改革成败。因此需要学校前期经过大量调研,并结合学生专业,合理选择进行合作的企业。一个优质的企业能够为学徒提供优质的专业实践资源、良好的薪资待遇以及专业性更强的企业导师。

(2)双导师制。双导师制也是现代学徒制的一大特点,即学生在校学习期间与在企业实践期间均由不同的导师进行指导。其中企业导师负责学生岗位核心课程和企业文化课程教学,学校导师则负责学生基本理论知识与基本技术的教学。学生通过采用工学交替方式,在学校与企业完成整个专业知识技术学习过程。不仅如此,上述导师都经过了严格选拔,并颁发了职业证书,享有工作津贴,全面保障了双导师的教学的专业性以及教学工作积极性。

（二）现代学徒制人才培养模式的特点

（1）三位一体的人才培养思路。现代学徒制人才培养模式以提高人才培养质量为目标,学校与企业共同制定人才培养目标、课程体系和考核标准等培养方案,全面提升技术技能型人才的培养能力和水平,按照"学生—学徒—准员工"三位一体的人才培养总体思路,实行三段式育人机制。培训企业与职业院校提供两个学习场所,学生较早进入企业,在企业真实的工作实践中学习,获得专业技能、知识和综合职业能力;学习以正式、系统的方式在学校和企业之间交替进行;学生、学校和企业通过签订学徒协议等方式建立稳固的师徒关系,并各自承担相应的责任和义务;学徒期满后,学生通过考核获得相应证书和认可,并具备基本的职业认同感和职业道德。

现代学徒制人才培养模式以专业人才培养方案为统领、以企业用人需求与岗位资格标准为导向、以学生技能培养为核心,为了让学生具备企业需要的职业技能,企业从学生一入校就开始介入,学校和企业深度参与人才培养,让学生在师傅的带领下以"学徒"身份接受企业文化熏陶,接受企业安全、责任、纪律等教育活动,其职业素养得到有效提升。这种模式为学生从校园人向职业人的过渡提供了广阔的平台和坚实的基础,学生竞争意识增强,学习主动性得到提升,对职业规划有了正确的定位,就业竞争力得到提高,实现了学院、企业、学生三方共赢的效果。

（2）创新型人才培养方案。现代学徒制意在培养高素质的应用型人才,因此,在实施过程中,我们要坚持校企双主体育人,落实学校教师和企业师傅双导师教学。把企业从校企合作的配角地位,提升到主体地位,真正凸显了企业的作用。企业参与到人才的培养过程中,根据行业发展情况,与学校一起探讨人才市场的需求,明确培养目标,共同编制人才培养方案,各方全程参与,通力合作,既能完成职业教育的培养目标,又能缩短应届毕业生的实习时间和减少企业的培训成本。

（3）灵活多元的考核变革。现代学徒制的一个重要内容,是共同创新考核评价机制。现代学徒制实施的是工学交替式的学习,学习地点变成了学校与企业轮转,学习内容变成了以工作任务为主,执行的是企业的岗位规范与标准,传统的学校内考核评价方式已经不适合这种人才培养模式。目前,有些学校在实施现代学徒制人才培养方案的过程中,其校内书面考试占整个考核的比重已经从过去的50%~60%下降到了15%左右,校内的技能考核与仿真操作考核约占20%,其余的部分全部放在企业完成,约占65%。在企业期间的考核为三部分:①师傅考核,着重于能力与规范,占25%;②教师考核,着重于学习态度和向职业人过渡的变化,占25%;③企业绩效考核,以产量、遵守规范与纪律的记录为准,用数据呈现,直接与工作津贴关联,占50%。整个学业生涯,学生接受考核的方式方法有了较大的变革,更加灵活、更加多元。

(三)现代学徒制人才培养模式注意事项

人才培养指对人才进行教育、培训的过程。被选拔的人才一般都需经过系统化的培养训练,才能成为各种职业和岗位要求的专门性人才。高职院校、职业本科院校在实施现代学徒制的过程中,在人才培养设计方面需要解决好以下几个问题。

1.签订三方协议,保障各方权益

现代学徒制涉及部门机构和利益群体很多,运行复杂,需要相应的运行机制和保障制度。要签好学生与企业、学校与企业两个合同,保障学生权益,保证合理报酬,落实学徒的责任保险、工伤保险,确保学生安全,保证学徒基本权益;根据教学需要,合理安排学徒岗位、分配工作任务等。在目前尚缺乏国家层面相关法律规定的情况下,通过签订学生、学校和企业三方协议等方式,确定具有中国特色的"准员工"和"学生"双重地位的"学徒"身份,从而既保障学徒的受教育权和劳动保护权益,同时也保护企业的用人和人力资源管理权益。

2.建立企业指导师傅的管理和促进制度

根据学生的双重身份,充分发挥学校和企业的双主体作用,让师傅更好地融入教师的角色中,也让教师更好地转变到师傅的角色。可以在地方层面建立指导师傅资格等级制度,并与津贴待遇、福利保障等劳动安全结合起来。重视对师傅带徒成果的考核与奖励,并鼓励他们参加多种形式的教育培训。

企业师傅除了把技能传授给学生,更重要的是把企业文化、企业用人标准、社会人际关系、职业操守这些正确的职业观教给学生,教会学生做人处事,用企业中真实的例子启发和告诫学徒,达到育人的标准;而企业师傅带来的先进技术,除了学生需要学习,教师更应该放低姿态,虚心向师傅学习,以实实在在的技能来充实自身的发展,利用有利条件,提高职业能力。这种学徒关系作为纽带,起到了职业教育与培训的作用。

3.适当发挥地方政府的作用

现代学徒制的运行,要在政府的监督下,各方明确责任与义务,确保学徒制的顺利开展。我国与现代学徒制相关的法律法规还没有完善,也没有明确已经出台的规定要如何去实施,但是,纵观世界各国的现代学徒制发展,很多国家已经走在前列,可以为我国现代学徒制的发展提供很好的经验,借助多方力量,共同管理,保障现代学徒制的顺利开展。

在当前教育管理和人力资源管理双重管理体制和两种经费制度情况下,可以尝试在地方层面建立跨部门的学徒管理和协调机制。国家发改委双元育人试点项目中就有县级政府层面统筹协调学徒管理的成功经验。在"放管服"改革大背景下,作为企业的自我管理和服务组织,地方性的小型(类)行会组织可以发挥更大的作用,如对企业内的学徒培训进行监督,对技能证书符合企业需求的程度进行评价,为参与学徒制的中小企业提供指导和服务等。

(四)现代学徒制人才培养模式的运用

为了适应旅游经济发展新常态和旅游类专业学生成长成才需要,优化产教融合、校企协同育人机制,推进"现代学徒制"试点培养工作,自2017年3月起,南京旅游职业学院依托校内生产教学酒店——御冠酒店,联合酒店管理学院、烹饪与营养学院共同实施"一店两院"工学结合产教深度融合现代学徒制项目。项目包含认知实习、跟岗实习、顶岗实习、课程实践、双师培养等,系统构建工学交替的分段递进式现代学徒制人才培养模式。

学校借鉴瑞士洛桑酒店管理学院的教学模式,以"一店两院"为平台,探索旅游职业教育中现代学徒制的新模式。"一店两院"项目是学校在人才培养工作中的新探索,立足于创新酒店现代学徒制的组织模式,以满足高素质旅游人才培养为诉求,旨在创新学校人才培养模式,培养满足企业行业一线需求的高素质专业人才。

1. 工学结合,丰富现代酒店学徒类型层次

学院酒店管理专业以工学结合为切入点,以学生未来的职业发展能力需求为目标,根据酒店行业的岗位资格标准,共同确定人才培养的知识目标和能力目标。现代酒店学徒人才培养从企业实际出发,梳理酒店不同部门及主要岗位的工作任务,制定学生具体学习目标:面向大一新生开展"一日识岗"实践,面向有一定专业基础的学生开展"一月跟岗"实践,针对三年级学生开展"一轮顶岗"的酒店实习。通过"识岗""跟岗""顶岗"三种不同类型和层次的企业实践,逐步达成专业人才培养目标。

作为学校的教学酒店,御冠酒店还承担着"育人"任务。实习期间每个学生都有 2 ~ 3 次轮岗机会,酒店尽可能地让学生在不同的工作岗位上锻炼,一方面可以让学生深切体会不同岗位的工作特点,另一方面可以让学生能够在未来的就业竞争中胜任多个岗位的工作。实习中,酒店为每一位实习生都配置了实习导师,实习导师既是工作伙伴,又是点拨师傅,提高了学生的职业归属感和岗位忠诚度,不少学生在顶岗实习之后,留在酒店,找到了适合自己的工作岗位。

学校教师与酒店岗位导师(师傅)共同修订专业核心课程标准,收集和捕捉课程素材,丰富课程资源。教学内容结合课程内容和岗位需求,教学案例来源于酒店经营现实,确保学生所学内容与企业岗位所需的无缝接轨。课程实践设计上,实践项目模块与酒店的岗位工作任务充分对接,相关课程的教学内容在御冠酒店的真实运营场景里进行教学,教师参与酒店经营、学生参与酒店工作,以工学交替的形式完成课程内容的教与学。

2. 校企混编,建设"四双"课程教学团队

为更好地实施"一店两院"产教深度融合项目,学校依托御冠教学酒店,建设"四双"课程教学团队——"双师""双岗""双职""双薪"。教学团队教师包含专业教师和酒店岗位导师("双师"),通过教师在酒店挂职锻炼,聘任酒店员工作为专业教师,实现校店人员互聘,真正实现"双岗"(教学岗和酒店岗)和"双职"(教学任务和酒店经营),为了支持和激励更多教师和酒店员工参与,学校从经费上提供支撑,充分认可其教学工作和酒店工作,使相关教师享有学校和酒店薪酬的"双薪"待遇。这一举措既提升了专任教师的专业实践能力和业务水平,也提高了企业教师的课堂教学能力,逐步打造一支"走进课堂能教学、走进酒店能工作"的"四双"师资队伍。

3.多元评价,注重合格职业人过程培养

"一店两院"产教融合项目的评价实施方面,改变了传统以教师为主、一次考试定成绩的评价模式,项目构建了以学生为中心、以成果为导向的课程评价体系,力争做到评价结果可视化。

在具体的评价指标设置上,结合"识岗""跟岗""顶岗"的具体实践要求设置考核指标,将酒店不同部门核心工作岗位的职业能力要求和实践考核要求相对接,确保评价指标的细致和量化。

在具体的评价实施上,校方教师和酒店导师共同参与评价,认真记录学生的工作过程,并将考核结果转化为学分,计入学生课程成绩。在"一店两院"课程实践评价上,"阶段性的评价贯穿于整个过程,通过明确具体的评价指标,最终实现课程学业达标的学生即为岗位能力达标的酒店员工,切实做到注重专业人才的过程培养,确保培养合格职业人"。

4.各方受益,现代酒店学徒制成效显著

"一店两院"项目深化了现代酒店学徒制的探索,创新了学校人才培养模式。学院与酒店双方合作开发课程,共同研究岗位技能任务,教学过程更注重"工作体验"和"做中学",使学生在进入酒店岗位之前,能够达到合格员工的标准,学生通过实践能够尽快了解行业、适应岗位,并能够直接迁移应用到未来的工作岗位。

"一店两院"产教深度融合项目,通过实施识岗、跟岗、顶岗的分段递进实践教学,解决了传统酒店管理专业仅仅局限于低层次基础操作实训的问题,实现了教学内容和工作内容的无缝对接。

经过几年的实践,"一店两院"产教深度融合项目已成为南京旅游职业学院推进现代酒店学徒制的重要载体,真正实现了工学交替的分段递进式人才培养,注重学生岗位技能的训练和综合职业素养的培养,提高了专业师生的实践能力和创新创业能力,提升了酒店及烹饪类专业人才培养质量。

（五）现代学徒制人才培养模式的意义

经过不断发展改善,现代学徒制正在全球范围内焕发出越来越强的生命力,其在深化产教融合、校企合作,推进校企协同育人,切实提升职业教育人才培养质量、切实提升企业发展质量,促进校企良性互动方面具有重要的意义和作用。

1. 现代学徒制是职教发达国家的共同选择

现代学徒制坚持服务发展、促进就业,进行岗位技能训练,促进人的全面发展,是当前国际公认的职业教育发展趋势和主导模式。在德国,企业高度参与现代学徒制人才培养,500 人以上的大企业学徒制参与率高达 91%。在英国,现代学徒制成为实施国家技能战略的重要途径,并提出要让学徒制学习成为 16 岁以上青年的主流选择。欧盟中等教育层次共有学徒 370 万人,另有 570 万学生参加了企业培训。世界其他国家如澳大利亚、美国、加拿大等也开展了各具特色的现代学徒制实践,形成了较为完善的法律制度和经费保障体系。

2. 现代学徒制是深化产教融合校企合作的有效途径

中央领导高度重视校企合作,在职业教育相关的批示和指示当中,多数集中在校企合作领域。现代学徒制培养模式充分展示了在专业层面坚持工学结合、在学校层面深化校企合作、在产业层面推进产教融合的职业教育的本质要求。开展现代学徒制培养符合学校和企业的根本利益,彰显职业教育的根本特征。特别是在当前国家层面校企合作体制机制尚未健全的情况下,实施现代学徒制培养更是成了推进校企合作制度化的一种形式,成为解决制约职业教育发展诸多问题,如实习实训条件不足、教师实践教学能力不强、教学内容与企业实际需求脱节等。重视和推动现代学徒制,有利于学习借鉴国际先进经验,少走弯路,试点工作具有很强的探索性,强调体制机制突破,突出与企业发展需求的契合,对技术技能人才培养至关重要。

3. 现代学徒制是职业技能和职业精神培养的有效载体

现代学徒制强调从职业的角度培养技术技能人才,坚持教育与企业生产相结合,遵循学生成长规律和职业能力形成规律,强化知行合一,培养学生职业道德、职业技能,将人文素养和职业素质教育融入人才培养过程,充分发挥校园文化、企业文化对职业精神养成的独特作用,推进优秀产业文化进教育、企业文化进校园、职业文化进课堂,将生态环保、绿色节能、循环经济等先进理念融入教育过程,更加有利于促进职业技能和职业精神的有机融合,有利于培育精益求精、追求卓越、探索创新的工匠精神,为打造更多的"大国工匠"夯实基础。

目前很多企业对培养高素质技术工人并不重视,制约了现代学徒制的推广。应鼓励企业积极参与现代学徒制建设,使其认识到学徒培训的社会价值和经济价值。可以有针对性地设计补贴政策,激发企业参与的积极性。实践证明,如果能保证学徒在企业岗位实习一定时间,学徒在学习工作的同时还充当劳动力,则企业并不需要为学徒培训投入很多经费。

建立现代学徒制是职业教育主动服务当前经济社会发展要求,推动职业教育体系和劳动就业体系互动发展,打通和拓宽技术技能人才培养和成长通道,推进现代职业教育体系建设的战略选择;是深化产教融合、校企合作,推进工学结合、知行合一的有效途径;是全面实施素质教育,把提高职业技能和培养职业精神高度融合,培养学生社会责任感、创新精神、实践能力的重要举措。

第三节　国外酒店管理专业产教融合人才培养主要模式

一、瑞士洛桑模式

1893年,洛桑酒店管理学院创立于瑞士日内瓦,是公认的世界上第一所培养专门酒店管理人员的学校。1998年,洛桑酒店管理学院被瑞士联邦政府列入高等职业院校序列,隶属于瑞士西部高等专业学院,在全球酒店管理专业大学中排名第一,专业特色鲜明,建校历史超过百年。

拥有超过百年历史的洛桑酒店管理学院,其人才培养模式世界知名,并受到各国的推崇与学习。洛桑酒店管理专业教学模式是一种以实践教学和理论教学相结合的专业教学模式,它将传统教学理念和当代管理思想相结合,强调"以客户为核心"的服务理念,注重学生的实践技能的全面发展和职业能力的培养。洛桑酒店管理学院的人才培养目标是"培养一流的国际酒店行业经理",教学特色就是强调理论与实践相结合,实践是整个教学过程的基石,学生通过校内外知名酒店的实践课程,理实结合,在实践中真实体验酒店管理的全过程,熟知酒店管理的事务管理,形成服务意识和管理意识,即著名的"洛桑模式"。

洛桑酒店管理学院的教学楼就是一座高档酒店,其实它与高星级酒店是"神似"不是"形似",以学校接待大厅为中轴线,往北是两座分别供教师和学生课间休息享用的咖啡厅;紧接的是 7 间不同风格的餐厅,它既为学生提供用餐与服务,又是教学场地。学校没有一名所谓"食堂"职工或厨师,学生要轮流充当顾客与服务员的角色,教师在旁边指导与授课;此外有 40 多间备有不同课程设施的教室,如电脑、信息、餐饮、品酒、宴会、酒吧、洗涤等,以及 14 间中、小型会议室和一座能容纳 200 多人,备有多种同声传译及新闻传媒设备的国际大会议厅;再往北是一座大图书馆,以及师生们方便出入的各种不同类别的阅览室。在这座楼内,人们能看到肤色各异、西装革履、彬彬有礼的教师和学生。围着白围裙、身着服务生服装,正在实习的学生也不在少数。

洛桑酒店管理学院教学的成功主要包括以下 5 个方面:①严进严出的学生管理;②实践特色鲜明的课程设置;③一流的师资力量;④产教融合的教学方式;⑤国际化的办学。

(一)严进严出的学生管理

学院管理严格,令行禁止,无视校规或调皮捣蛋的学生,不论有什么背景,校方都将毫不留情地令其离开学校。学院提倡和谐、礼让、整洁,在培养学生的职业品行上有一系列严格的评分制度,无故旷课是绝不允许的,两次迟到算一次旷课;禁止在校内留长发,绝对不允许男生不穿上衣或不系领带;衣着不整齐,有油迹,未烫平,都要载入评分的。学生中如有违反者,累计多了就要提出警告,警告多次,离退学也就不远了;无故旷课 20 天的学生马上会被校方勒令退学,并且已缴纳的全部学费也不予退还。

相对于一般外国大学的宽进严出,洛桑是严进严出。洛桑酒店管理学院招生极为严格,每年约有 2 000 名学生申请就读该校,但录取率仅 20%。通过不同的测试考查申请者的学术潜力、领导才能和人际处理能力等。洛桑在培养学生职业品行上有一系列严格的评分制度。新生入学后,必须经过 18 周的酒店基本锻炼,培养学生尊重劳动、尊重员工、善与人处、团队精神等。洛桑的教育哲学:"敬业是职业学校的灵魂",这是洛桑成功培养国际服务行业一流人才的一个要诀。在教学中,学院注重培养学生的基层意识,新生入学后须经历半年的酒店一线基础岗位学习,全校共分为 22 个岗位,每周一个主题进行轮岗学习。学生还需通过各种考核,不合格者将被淘汰,淘汰率高达 50%。

(二)实践特色鲜明的课程设置

洛桑酒店管理学院酒店管理专业学制为 3 年半,共计 7 个学期。"理论与实践相结合"是洛桑酒店管理学院的办学宗旨。首先,该院提供的综合课程设置,既覆盖了基础理论与实践技能,又较深入地开展了更专业的讨论和研究;其次,它还注重实习的实施,帮助学生更好地理解自身所学专业;最后,它还设立了大量模拟实践课程,促使学生通过实际体验来加深对专业知识的理解。

洛桑酒店管理学院的课程安排周详而细密,对学生的要求也近于苛刻。教学课程一般分为三类:理论课、实践课、语言课。一般情况下,学生每学完一个门类的课程,就要相应进行一段时间的实习。通过实践巩固理论学习的成果。在实践中接触管理事务,培养管理意识。如最初两个学期学生们专门学习有关饮食知识,分为厨房作业和餐厅服务两部分,同时安排五个月的时间去各所饭店或餐厅实地见习。进入第三学期,学生开始学习饭店经营管理知识,学完后再到饭店里实习一段时间,最后一学期则学习饭店高级管理课程,着重研究如何提高服务技巧和经营诀窍。实践课设有操作性的练习课、模拟性的分析课、研究性的调查课。学生不但要亲手制作产品,还要分析产品质量,有了问题还要调查原因,提出解决问题的办法。

瑞士洛桑酒店管理学院的课程设置包括:洛桑风格房务管理、会计报税原理;餐饮管理、酒店运营管理;旅游管理与实务;酒店建筑工程原理、房地产经济学;营养膳食以及健康酒店管理;酒店客房管理;酒店市场营销、酒店客户服务;国际酒店管理与商业道德;酒店收费结算、技术维修等。学生每学完一门课程,将进行一段时间的实习,通过实践巩固理论知识。该校的实践课程包括:实习体验项目、专业实习培训项目、活动组织设计项目、酒店管理技术实践项目、国际情境模拟项目、案例分析项目、模拟游戏实践等。

(三)一流的师资力量

洛桑酒店管理学院的师资力量包括来自饭店管理经验的实践家,来自酒店业相关领域的企业高管,知识渊博的硕士、博士生和学者导师。洛桑教师选拔严格,有经营酒店经历是必备条件。课程与国际接轨,教师与行业接轨。洛桑酒店管理学院的教师均经过严格的选拔,学校聘请教师的必备条件是要有经营酒店的经历,同时不能持续几年一直留校,每隔三五年,学校要求他们回到企业里去,以不断丰富自己新的经营信息,调研国际化经营中出现的新问题,这样就可以不断更新学校的教学内容,提高教学质量,因此,洛桑教师的职业运行模式是:教室—酒店(或集团公司)—教室。这样周而复始使得教学始终与行业接轨。学校始终保持处于酒店行业开发科研的最前沿。为了使教师队伍始终处于高水平状态,学院实行高工资制,并且鼓励教师一专多能,允许教师在企业中担当一定的职务,甚至主动向企业推荐他们担任兼职顾问。从而保证了教师不脱离经营管理实践,保证了"洛桑模式"的生命力。

(四)产教融合的教学方式

(1)以店育人。洛桑酒店管理学院教学大楼是一座标准的五星级酒店,内设酒店大堂、宴会厅、酒吧、中西餐厅、厨房、仓库、洗衣房、健身房等。学校采取实地教学法,课程运作中强调餐旅、客房营运以及社交和沟通能力,让学生从观察、实务体验中学习提高。

(2)校企结合的商业计划书。由现实生活中的全职咨询公司授权,项目包括商业计划、创意提出、客户体验、活动理念、餐饮理念、财务可行性研究、酒店理念、市场研究、营销策略、产品开发等,每个学生团队有 9 周的时间,最终需要遵循严格的、结构化的方法完成一个专业的商业报告,为顾客的特定业务挑战提供实用的、可行的建议。业主出资委托学生进行一定期限的设计、调研,极大程度地提高学生的团队协作、创新创业和自主学习能力。

（五）国际化的办学

瑞士洛桑酒店管理学院在办学过程中秉持国际化的思想,着力打造国际一流的酒店管理类课程体系。学院拥有来自世界各地的师资力量,教师们都拥有丰富的国际视野和学术背景;学术课程强调跨学科教学和国际实践视角;洛桑校园通常有 2 000 名学生,来自 80 多个国家,以法文、英文教学;多元文化交流和人文交流让学生们有机会跟随外籍老师游览国外地区并参与各种国际性活动。2019—2020 学年,学院开设专业全球交换项目,以增强全球视野,促进全球酒店管理能力的发展。多年来,洛桑的毕业证书已成为国际酒店业的"金派司"。洛桑正在全球范围内的酒店教育机构里雄心勃勃地拓展它的教学理念,目前已经在全球形成了传播知识和技能的 8 所认证学院网络。

总之,洛桑在教学管理上坚持三条原则,教师必须从企业中来、课程必须保持国际学科的最前沿、学生必须从事三学期的实习课。洛桑学生的敬业意识贯彻于整个学习过程中,学业结束后分别发给政府认可的学士学位与大学毕业证书,同时还有国际酒店行业认可的就业证书,从而使得洛桑的毕业生毕业后到各国高星级酒店可以直接上岗,一般可任部门经理、助理,不必再经实习期。通过这种方式培养出来的毕业生有理论、懂业务,既会实际操作,又有管理才能,进入企业就能工作,当然深受企业的欢迎。

二、德国双元制模式

德国的"双元制"是指在德国的高等教育体系中,学生既可以选择传统的学术研究,也可以选择职业化的培训,以获得相应的证书或学位。德国双元制模式是将在企业里基于职业实践的学习,与在职业学校里基于工作过程的专业知识及普通文化知识的学习紧密结合,从而培养专业技能人才的职业教育模式。"双元制"因其高中阶段的职业教育由企业承担 2/3 的费用,国家承担1/3的费用而得名。"双元"分别指私人承办的企业和国家承办的学校,即企业和学校合作培养职业型人才。

(一)企业职业化培训

企业作为德国"双元制"职业教育的主体,只有经行业协会按照《联邦职业教育法》的资质标准审查认定后的企业,才能开展"双元制"职业教育,这样的企业被称为"教育企业"。目前,德国只有20%～25%的企业具有从事"双元制"职业教育的资格。为了确保职教主体企业同时兼顾企业的营利性和教育的公益性,按照德国法律规定,企业需要与接收"双元制"职业教育的青年人签订公法范畴的《职业教育合同》,并根据《职业教育条例》规定的全国统一的资格标准及相关教学内容,进行基于工作(工作岗位、工作过程)的学习,培养学生的职业能力。由于技术和劳动组织的最新发展被引入企业工作过程,学习就不仅与企业职业实践紧密结合,还与经济和社会发展现状适时结合。

(二)学校系统化知识培训

学校作为"双元制"职业教育的重要学习地点,必须遵循各州《教育法》和德国《各州文教部长联席会议》与联邦政府签署的各项框架教育协议,按照与《职业教育条例》配套的《职业教育框架教育计划》,通过基于工作过程的课程,传授与职业实践相关的专业知识和普通文化知识(社会、法律、外语、体育等),以使学生获得完整的职业行动能力,实现对企业学习必要的系统性补充。

(三)德国"双元制"具体实施

"双元制"体系确保了政府和私人部门都受到适当的监管,并可以互相加强作用,促进国家的经济发展。近年来随着企业的参与度不断提升,跨企业培训中心也逐渐成为主要教学主体之一。雇主直接招收学生,学生以学徒身份与企业签订合同,其参与企业培训的时间占70%,接受学校教育的时间占30%。双元课程体系让学徒在企业和职业学校完成学业,学徒每周3～4天在培训车间或者企业生产车间进行技能实操训练以掌握实用的专业理论和实践操作技能。学生作为学徒,一方面在培训车间按照培训计划完成培训课程进行实践训练,另一方面在企业生产车间,通过参与企业生产在生产中学习专业知识和技能。学徒每周 1~2 天在职业学校完成相关专业知识和其他文化课程学习,主要包括普通课程(如语言、体育等)、专业课程和实践知识等。在培训期间学徒需通过中期考试和结业考试方可获得国家认可的职业资格证书,考试包含笔试和实操两部分,均由考试委员会的专家主持。

由此可见,德国"双元制"的核心是"双元性"原则,"双元性"不仅体现在办学主体和教学等微观层面,而且注重在职教管理和运作等宏观层面的"双元"。微观上企业和学校双主体,强调工作与学习相结合,理论与实践相融合,利于人才高质量培养实现"教";宏观上教育部门联合经济部门共同主导职业教育,充分发挥私人企业积极性和国家教育优越性,紧密结合经济劳动市场,优化职业教育供给,更利于企业"产"的发展。

三、英国现代学徒制模式

(一)英国现代学徒制发展历史

英国早期"学徒制"教学模式可以追溯到中世纪时期,当时该教学模式以职业技能培训和实习机会为主。在 17 世纪,"学徒制"也用于英国皇家学院(RCA)来教授陶器、金属处理和绘画等课程。随着工业革命的到来,"学徒制"进一步发展,并成为工业体系的基础框架。20 世纪初,政府正式注册"学徒制",成为英国学生就业的重要利器。20 世纪 70 年代以后,英国的学徒制没有适应不断变化的技能需求,教学大纲已经过时,学徒制也没有与继续教育相结合,培训质量也不高,仅仅只能满足低层次职业教育与培训的需求,接收学徒制教学的人数急剧下滑。

20 世纪 90 年代以后英国政府开始调整经济,进行教育改革,1993 年英国政府提出引入现代学徒制,学徒制才发生了重大变化。英国行业技能开发署和行业技能委员会代表政府牵头制定了现代学徒制框架,使其契合国家经济社会发展的需要,很好地把握着现代学徒制框架的发展方向,但由于企业主在这两个组织中始终占据着多数,且为关键多数,所以企业主在制定现代学徒制框架时具有很大的话语权和影响力,间接地形成了企业主实际上主导学徒制框架制定的局面。特别是在学徒技术理论的教育和关键技能的培训上,企业更是发挥了决定性作用,很好地按照企业的用人标准对学徒进行培训,有效满足了企业的用人需要。

（二）英国现代学徒制分级

英国的现代学徒制分为 7 个等级,层次从低到高,低至入门级的青年学徒制,高至具备博士硕士水平的学位学徒制,甚至部分大企业已经开始探索博士级学徒制,学习涵盖各个年龄段,构成了一个与普通高等教育相对立的完整体系。（表3-3）

表3-3　学徒制对应的教育层级

学徒制名称及等级	对应的教育层级
2 级（中级学徒）	初中学历
3 级（高级学徒）	高中学历
4、5 级（高等学徒）	基础学位及以上
6、7 级（学位学徒）	学士或硕士学位

英国行业、企业参与现代学徒制实践培训时的路径是制定学徒制框架、确定学徒制岗位、招募学徒、培训及管理学徒。此外,英国现代学徒制框架只是将能力本位要素、知识本位要素、核心技能要素等列为培训内容,而具体的学徒制培训内容和培训方式的选择权交给了企业。因此,通常只要企业能够确保对学徒进行有效培训,并确保学徒可以获得资格证书,则政府不再干涉企业的这些具体事权。

（三）英国现代学徒制具体实施

英国教育部负责英国的学徒计划。教育和技能拨款局负责学徒政策和资金并监督项目的实施。学徒制和技术教育局负责确保学徒制的质量、一致性和可信度,包括帮助雇主制定学徒制标准和批准标准。

学徒标准包括:职业概况、职业知识技能与行为、入学要求、期限、资格、法定和专业认可、层级和审查日期共八部分内容。在学徒标准中,知识指学徒需要了解的内容,技能指学徒能够做的事情,行为是学徒做事时应该遵循的规则和应该具有的能力。如建筑师学位学徒标准的行为标准包括行为准则、正直诚实、能力、独立性、义务、声誉和持续职业发展七部分内容。

企业、大学和学院共同开发学位学徒制课程，这种课程将传统大学学术研究、企业实践经验和更广泛的就业技能相结合。学位学徒制课程是围绕着学徒制框架设置的，通常由核心必修模块和选修模块以及雇主规定的基于工作的项目组成。学徒的身份定位明确，在整个学徒制过程中学徒就是企业的一名员工。学徒在一个月内有80%的时间待在企业，在师傅的带领下边学习技能边有偿工作；剩下20%的时间则是返回到培训学院进行数学、英语等的学习，奠定基础学科的知识基础、规划职业生涯。

总体来说，英国学徒制在人才培养中不仅对于招生教育对象资格审查制度比较灵活，在招生阶段，企业、学校和学生三方，就学生是否符合参加某一等级的学徒教育、该等级学徒教育的培养目标、培养方式，学徒培养期间三方各自的责任和权力进行充分的沟通。参与到学徒制教育系统中有行业企业、行业技能委员会、颁证机构和学校，各方对学徒教育期间的教育和考核有明确的责任和义务。英国学徒制在顺应企业发展规律的基础上，实现企业、学校及学生三方共赢，学校企业双方围绕高质量人才培养，达成产教融合的平衡。

四、美国合作教育模式

合作教育最初是由美国辛辛那提大学于1906年推出的一种"学工结合"的校企合作人才培养模式。合作教育的本质是寻求高等教育自身规律与现实社会对人才需求间矛盾的解决，使学生掌握未来就业所需要的知识、能力和素质，成为综合素养相对成熟的高级专门人才。简要来讲，就是一种将理论知识的学习、职业技能的训练和实际工作的经历三者结合在一起，使学生在复杂且不断变化的世界中更好地生存和发展的教育方法。

（一）美国合作教育发展历史

美国合作教育的发展可以分为4个时期。

（1）形成时期。1906年至第一次世界大战期间，产生了大学与产业相合作，开展合作教育培养工程专业学生的观点，主要在四年制的大学之间开展。

（2）发展时期。其中经过两次世界大战和经济危机，合作教育的开设学科从早期的土木工程专业扩展到电气、机械、化工、建筑、工业、商业管理、纺织、应用艺术等。实施的地点除了四年制的大学，也向专科学院、技术学院和中学扩展。

（3）繁荣时期。"二战"后到20世纪70年代初期，这一时期合作教育最显著的变化是研究生教育与常春藤学校开始实施合作计划，同时经合作教育委员会的推动、国家的立法支持以及教育国情咨文的影响，合作教育发展迅猛。

（4）改革调整时期。20世纪80年代，出现了"青年学徒制"模式，建立了一个从学校到工作的系统，促进了美国合作教育的进一步发展。

（二）美国合作教育实践特色

企业和学生互选式的聘任制度是美国合作教育的一大特色。合作教育学生在入学第一年经过理论知识的学习后，第二年将交替进入企业实践。学生在参与实践前的准备阶段，须向专业指导教师汇报自己的就业意向，专业实践部门对学生进行相关的入职培训。在合作教育实践项目中，企业和学生互选式聘任制度给了企业和学生较大的空间，企业可以在这一过程中找到想要的雇员，学生也可以找到适合自己的岗位，实现双赢。在学校、雇主和学生三者关系上，规定学生参与合作教育实践项目期间为企业全职人员，享受和其他职工一样的福利和待遇，这意味着学生要为企业做出相应的贡献。学生要尽快将理论知识用于实践，融入技术项目组中，承担相应的任务，而不是只从事简单的工作。同时雇主通过每年对参与合作教育学生的基本情况进行两次评估，将自身的需求与学生现有的资源做出差异分析，学校根据雇主的反馈情况和校内管理部门的反馈情况，对课程做出调整；学生进入岗位后，雇主再对其进行评估。如此反复，形成一个闭合的良性循环系统。该系统不仅满足了雇主的需要，更重要的是让学校的课程改革不再拘泥于传统意义上的经验式改革，学校开设的课程更加符合实际需要，有利于学生专业素质和实践能力的提高。

（三）美国合作教育具体实施

美国合作教育的运行模式分为3种：交替运行模式、并行运行模式和混合运行模式。

交替式是美国合作教育最普遍的运行模式,也是美国合作教育的古典模式。交替模式(一般是每周40小时/全职工作)和并行模式(一般是每周20小时/兼职工作),以及其他一些模式比如混合式模式等,都是以此为基础发展的。合作教育作为一种教育战略得到学校的正式确认,学生在受雇佣前应接受培训并精心准备,在进行合作教育的过程中应接受指导并能进行咨询,在学生档案记录中应有合作教育经历的正式认可,学校、雇主和学生三者之间有正式合同,主要涉及对工作的描述和新的学习机会,且有特定的最短工作期限,学生在受雇佣期间在学校正式注册,接受学校监督和雇主管理,学生在合作教育项目期间被当作全职的学生或者职业人,在学校学习理论知识时,学校对其负责;在企业参与实践时,雇主对其负责,学生以全职雇员的身份参与工作,并获得相应的薪酬。合作教育设计使学生、雇主和学校受益最大化,对于学生来讲,合作教育提供了比课堂教学更好的、更实际的职业准备,学生自身的技能可得到市场的检验,还可以了解雇主对雇员技能、工作表现等的实际要求。

合作教育中检验学生是否达成有以下四个目标:①在合作教育实践开始之前,学生是否做好有效参与项目的准备;②在实践工作的分配期间,要增加其专业知识和了解其所要进行的实践工作的基本情况;③在实践工作期间,学生是否获得技能的提高和知识的增长;④在实践工作之后,学生是否清楚自己的职业兴趣和能力倾向。同时合作教育在实践中涉及课堂学习与场所工作的交替模式,体现了交替模式的灵活性。

总而言之,美国合作教育纳入整个院校的人才培养计划中,以及雇主等参与到学生整个合作教育学习计划中。即重视"学"的主体作用,对院系内外部资源的配备都有相应要求,完善"产"的统一管理,建立动态的、有效的评估程序,并能通过评估切实提高人才学习效果和项目实施效果,突出人才对知识运用达到学有所用,整体完成对合作教育项目实施效果、学生收获与培养目标的一致性、学生阶段性和整体性学习效果等的评价。

五、日本产学官合作模式

(一)日本产学官合作模式概念

日本产学官合作模式最早可以追溯到 1942 年的千叶工业大学。1960 年左右日本的企业和大学的合作处于停滞状态,1995 年日本制定了《科学技术基础法》,敲定了投入 38.7 兆日元到大学的研究工作。紧接着,1998 年《大学等技术转移促进法》(TLO 法)实施,大学的技术和研究成果转移到了民间,企业对国家负担起了支援的作用。TLO 法的主要目的是推动产学官合作,促进高校向企业进行技术转移,并获得相应的回报。实施知识产权保护,促进国立高等专门学校法人化等举措,使产学官合作模式成为日本职业教育办学的普遍选择。之后,2004 年的《国立大学法人法》和 2006 年的《新教育基本法》的制定,明确了"使大学的研究成果回馈给社会"作为大学的使命之一。

近些年来,日本产学官合作模式发展越来越好,该模式是指通过大学等教育研究机构和产业界的合作,政府及地方公共团体提供制度及预算财政支持,达到研究开发新技术及创出新产业的目的。"产学官"分别表示:"产"代表的是包括各个行业协会和地方财团在内的产业界;"学"则是指以学校为代表公共研究机构;"官"是为"产学官"合作制定计划和给予指导意见的政府机构。

(二)"产学官"三方主体角色

日本的"产学官"合作带有浓厚的官方主导色彩,综合科学技术会议(CSTP)是"产学官"协作的政府主体,负责合作会议的组织,科技基本计划的制订和执行;各种专业调查会议为科学技术基本计划提供了技术预见和执行效果的评价;各有关政府省厅按照科学技术基本计划具体要求,以多种形式促进"产学官"协作,并通过调查会议向 CSTP 反馈执行过程中存在的问题及评价结果,供今后调整政策及计划时参考。除此之外,日本政府提供了一系列的政策支持产学官合作的发展,主要体现在信息、人才和资金方面。

(1)信息方面。日本政府建立了国际知识产权信息数据库,情报部门会提供包含科研情报和专利情报在内的行业情报信息,对企业和职业院校无偿提供,还开发了专利电子图书馆,促使工业产权信息得到充分利用。

(2)人才方面。早在1997年,日本政府开始放宽政策,允许职业院校的教师到私营企业和专利转让机构进行兼职,增加了"产学官"合作的活力。

(3)资金方面。日本政府在科研经费的投入上强调优先性和竞争性,其科研投入逐年增加。日本政府为知识产权的开发与保护、专利技术的有效利用以及人才培养等方面提供充足的资金,为促进"产学官"合作发展奠定了良好的基础。

企业在日本高职院校"产学官"合作中起决定作用。企业一般都持强烈的目标意识并基于自己的发展战略而在合作之前,在内部窗口或者第三方中介机构的平台上,校企双方在充分讨论并形成共同价值认同之后,再着手进行合作项目;在项目推进上同样由企业牵头,双方领导不定时反馈项目实施过程中存在的问题,及时加以解决,最后按照事先约定好的评价标准对项目做出评价总结。

职业院校为加强与外部主体的紧密合作,在课程设置上,依据企业员工培训计划和要求,协同企业共同开发和实施人才培养项目,普遍重视内容的前瞻性,根据产业社会需求变化,增设服务新产业领域学科以及复合型学科,同时提高开放性学科比例。

(三)日本产官学合作模式具体实施

"产学官"协作模式是通过政府主导下大学、研究开发机构和企业依据有关政策进行各种形式的协作,使学生在学习期间就能接触到企业的劳动,企业可以从这些人才中挑选优秀的人才向企业员工转化,而企业员工则通过合作研究来接触高新技术以实现自我提升。合作模式主要有三种:①研究合作,包括共同研究(企业等研究人员与大学教师关于共同课题的研究)、委托研究(企业委托)、捐助金研究(利用企业或个人的捐助金)、共同研究中心等。其中委托研究是主要形式,企业研究活动已从自主研究不断向高等院校转移,行业企业和职业院校进行共同研究的方式,主要针对某个课题进行短期合作。②教育合作,校企联合培养人才的形式,职业院校学生按照约定到企业内进行实习,实习计划由行业企业和职业院校共同研究制定,包括企业实习、教育课程共同开发、教员互派交流等,其中企业实习是最中心的内容。③社会服务合作,以 TLO(技术转化机构)等平台为载体,发掘(承接)来自大学、研究机构的科研成果,申请专利后将实施权转让给企业,然后将转让费的一部分作为收益返还给大学、研究机构(发明者),以促进院校科研成果顺利转化。另外,基于日本高校国立法人兼职制度,允许学校教员从事技术指导等顾问咨询活动,为企业提供流动性人才保障,并根据相关立法,提供大学场地及其他资源支持风险企业自主创业,同时允许高校对风险企业进行投资,获得收益回报。该模式将学校传统课堂教学和企业生产实践教学相结合,一方面利用学校将理论知识传授给学生,另一方面从企业获取对专业知识的感性认识,将理论知识用于生产实践。学校与企业以共同研究等形式在科学理论研究和技术革新方面双向交流。学校根据产业要求针对性开展研究、培养适应产业需求的人才;企业为学校研究提供资金、具有生产经验的人员和人才生产实践的岗位。

如上所述,早期日本的学术体制曾被称作"学—官—产",这种提法突出了大学在科研方面的作用,相形之下,企业的地位较低。近年来"学—官—产"的提法变成了"产—学—官",这意味着民间企业的学术研究活动在日本经济社会发展战略中的地位有所提升。当前日本企业是市场需求最灵敏的感应者,是适应市场需要甚至是创造市场开展科技创新的引领者和资源配置的决策者,它不但决定"产学官"合作的方向,而且决定着"产学官"合作事业的成败,是日本"产学官"合作中的实际主导者。日本国家创新体系是以企业为主导、以大学和政府为辅的"产学官"合作创新体制,同时"产学官"也是人才培养环节促进校企合作、产教融合及科技创新的重要组成部分。

六、新加坡教学工厂模式

新加坡自 1965 年以来一直非常重视教育,短短几十年的时间,新加坡教育得到了迅猛的发展,取得了全球瞩目的成就。为应对工业化进程,新加坡教育系统从小学到大学阶段都高度重视应用技术教育。在推进应用技术教育过程中,以新加坡南洋理工学院为代表的"教学工厂"模式最具特色。

(一)新加坡教学工厂模式概念

新加坡的现代职业教育理念久负盛名,是理论教学与实践教学有机结合的典型范例。新加坡南洋理工学院是"教学工厂"模式的首创者和践行者。多年的发展过程中,新加坡南洋理工学院创建了自己独特职业教育理念和学院文化及精神,其理念及文化的典型代表包括"教学工厂""综合科技环境""经验积累与分享(AES)""无界化校园"等,其教育引领企业发展的理念及教学工厂模式特色鲜明。学院独创"教学工厂"教育模式,将企业实践环境引入学校教学环境,以项目为纽带,教、学、研深度融合,对培养学生专业能力和职业能力有重要作用。

新加坡教学工厂模式是在借鉴德国双元制模式的基础上提出的新的教学模式,是将先进的教学设备、真实的企业环境引入学校,与教学有效融合,形成学校、企业、实训基地三位一体的综合性教学模式。"教学工厂"为新加坡培养了一大批具有较高技术研发能力的高技能应用型人才。

(二)新加坡教学工厂模式具体实施

1. 实习环节的巧妙设计

新加坡教学工厂模式中,学校明确规定,实习既是教学的重要环节,也是学生取得学分得以毕业的重要依据。在实习上半阶段,学校以学生能力为基础,由授课教师考察确认,将部分学生分组分批派出实习(通常是成绩好的先派出),剩余学生即开展专业方向学习和课程项目;到下半阶段则两部分学生对换,确保所有学生都能进行专业方向学习、开展课程项目和企业实习,拿到相应学分。这一实习模式主要指大三学生分批交替进行12周企业实习和12周企业真实项目研究。即:将学生分为 A、B、C、D 四大组,A 组到企业实习12周;B 组在老师带领下进行企业真实项目研究;12周之后,A、B 两组进行交换;C、D 操作方式同上。(表3-4)

表3-4　教学工厂四组学生项目

教学工厂(第五学期)(A、B组交替)		教学工厂(第6学期)(C、D组交替)	
12周企业实习	12周企业真实项目	12周企业实习	12周企业真实项目
12周企业真实项目	12周企业实习	12周企业真实项目	12周企业实习

2. 教学设施的先进性

学校与 300 多家新加坡国内外大中型企业密切合作,共同培养服务新加坡或合作所在地经济社会发展急需的人才,新加坡南洋理工学院秉承"用明天的科技,培训今天的学员,为未来服务"的办学思想,把工厂目前使用的先进的机器设备装进实验室,让学生去看、去操作、去理解,不惜投入巨额资金保证教学所用的教学设备实用、超前,为学生创造了一个真实的教学环境。校内实训实践教学环节的设备设施先进,可满足教、学、做一体化的项目教学开展,培养学生综合运用所学知识解决实际问题的能力。实践教学均以 24 人为一组,保证学生 2 人一台实验设备,一次实验课时一般为 3 小时左右,保证学生有充足的训练时间和足够的动手操作机会。实验室之间以透明玻璃隔断,便于教师在教学过程中观察学生,也便于各级教学管理人员随时观察实践教学指导教师的工作情况。

3. 师资队伍的超前性

"教学工厂"模式成功的关键就在于通过加大教师潜能的持续挖掘,强化企业师资引进,搭建教师终身学习发展平台,突出师资培养轮循制,完善师资队伍考核机制,突出师资评价多样性,确保了新加坡南洋理工学院师资队伍建设的持续优化。学校将教师队伍建设视作办学的第一资源,既注重教师待遇又关心其自身发展,构建了具有超前意识和国际化背景的师资队伍。新加坡各职业院校从企业物色师资,引进业界精英,所有专业课教师都要有 3 年以上企业工作经验,80% 的教师曾是企业的经理或业务骨干,许多人曾参加过新加坡重大建设项目。学校鼓励教师通过终身教育实现自我提升,建有完善的培训制度,打造真正的"双师型"教师,行业工作经验是基本要求,并且有计划地实施全员轮训及终身学习项目。连续任教 5 年内必须回到企业实习 2 ~ 3 个月,每年 20% 的教师到国内外知名高校、企业或研究单位等接受培训,参与科研与项目开发,了解企业技术状况和最新技术需求,保障对新技术、新工艺、新趋势的跟进;凡教师个人所需的研发能力和新专业开设所需教师转型能力,学校对此都会提供培训。由于师资来源多样,新加坡南洋理工学院完善对师资队伍考核机制。考核内容涉及教学能力、项目开发、工作态度、非教学工作表现等多方面:①对教师进行分类评价。将教师分为讲师、工程师 2 类,每类分 5 级。讲师类从低到高分为 L5—L1 五个级别,其中 L5—L3 为讲师、L2 为高级讲师、L1 为首席讲师,工程师类从低到高分为 DE5—DE1 五个级别(表 3-5)。②强化评价结果的运用。严格的评价体系,注重工作业绩和综合表现,学校采取"职员制",每年年终对员工进行考核,考核结果直接决定教师晋升与否,对于表现突出、考核优秀的教师发放表现"花红"作为奖励,对于评价结果较差的教师,进行诫勉谈话或是解聘。

表 3-5　教师分类

讲师		工程师
L1	首席讲师	DE1
L2	高级讲师	DE2
L3	讲师	DE3
L4	讲师	DE4
L5	讲师	DE5

4. 无界化管理理念融合性

新加坡教学工厂模式通过搭建无界化的协调管理平台和组建无界化团队来实现资源共享、互动融合。

(1)"教学工厂"更加注重协同合作中政府的深度介入。强化政府的主导性,政府建有专门的指导机构,并投入巨额资金设立技术技能专项发展基金,同时加强立法,制定技术标准和国家证书制度。新加坡通过立法明确"先培训,后就业,未培训不得就业"的制度,保证了学校与企业间割不断的"血肉"关系。

(2)"教学工厂"模式倡导搭建无界化的学习组织平台。这种模式搭建了基于问题导向的信息、理念共享平台(SOLID),搭建了基于工业项目数据、校企双方师资教学科研资源共有共享的资源共建平台(AES),搭建了基于质量评价的持续改进闭环保障平台(AAR),搭建了基于服务前瞻性思考的知识学习、阅读分享、知识储备的能力提升平台(RRS)。

　　新加坡教学工厂模式不仅注重行业和教育业的整体融入,还具有全方位、全领域、全过程的特点,更加注重社会反哺与回馈,通过校企无边界合作,保证教学、科研质量稳步提升,增强了校企合作的延续性。"教学工厂"模式打破组织边界,强化师资队伍建设,将企业流程导入教学流程,将企业生产、实践教学、理论教学三者有机融合,在教学系统中植入工厂环境,并推动校企双方从合作走向融合。不同主体之间的边界是制约产教融合的重要因素,跨界是产教融合迈出的第一步,打破边界是产教融合的目标,新加坡教学工厂模式力图打破学校与企业、系科与系科、专业与专业、课程与课程之间的界限和藩篱,通过搭建无界化的协调管理平台和组建无界化团队来实现资源共享、互动融合。

第四章　我国酒店管理专业产教融合现状及问题

第一节　我国酒店管理专业产教融合的必要性

我国酒店管理专业产教融合人才培养模式的构建，离不开政府、企业、社会三个方面。政府的政策支持和引导为高校酒店管理专业产教融合的发展提供强有力的外部保障；学校要发挥积极主动的育人作用，推动人才培养规格，适应社会企业需求；企业在产教融合中提供的育人场所和氛围，以及专业技术是支持新常态下人才培养的助推剂。

一、政府层面的支持

产教融合制度，在我国可以追溯到 20 世纪。20 世纪 90 年代，我国基本上没有任何产教融合的理论制度，只是在部分高职院校、中专院校以及地方本科高校中开展了一些校企合作培养人才的计划和教学模式。

随着经济体制的改革发展，高校管理制度和模式与制度保障的改革提上了议事日程。1993 年《中国教育改革和发展纲要》颁布，并且明确提出，"要使高校真正成为面向社会自主办学的法人实体"，标志着高等教育政策由国家本位向市场本位的演进。1998 年《中华人民共和国高等教育法》颁布，标志着市场本位政策的正式确立，高等教育的管理权限从中央向地方转移，高校自主办学权力逐渐扩大，由此也意味着高等教育体系的内部环境发生了深刻变化,学校与政府、行业、企业的关系也发生了深刻变化,市场治理模式确立,政府的教育职能相应缩小,对高等教育的投入逐渐减少。

党的十八届三中全会明确提出:"加快现代职业教育体系建设,深化产教融合、校企合作,培养高素质劳动者和技能型人才。"2015 年 1 月 22 日召开的全国教育工作会议部署,加快发展现代职业教育,推进地方本科院校转型发展,深化高等学校创新创业教育改革。产教融合成为我国高等教育分类发展、内涵发展、转型发展、合作发展的基本方式,是办成产业的大学、城市的大学、社区的大学的有效路径,更是当下我国高等教育教学改革的新常态。

为贯彻党的十九大精神,落实中共中央、国务院关于教育综合改革的重大部署,2017 年 12 月国务院办公厅印发了《关于深化产教融合的若干意见》,明确指出:"深化产教融合,促进教育链、人才链与产业链、创新链有机衔接,是当前推进人力资源供给侧结构性改革的迫切要求;深化产教融合,逐步提高行业企业参与办学程度,健全多元化办学体制,全面推行校企协同育人。"该文件的出台,将产教融合从职业教育延伸到以职业教育、高等教育为重点的整个教育体系,上升为国家教育改革和人才开发整体制度安排,推动产教融合迈向了新阶段。产教融合能发挥政府、学校、行业企业、社会组织等各方积极性,实现供需更好地对接和资源更好地配置。高校积极探索产教融合创新生态系统,提高高等教育发展的核心竞争力,实现自我完善、自我升级的产学研发展之路。

2019 年,国家发展改革委、教育部等六个部门印发《国家产教融合建设试点实施方案》。该方案提出,通过 5 年左右的努力,试点布局建设 50 个左右产教融合型城市,在试点城市及其所在省域内打造一批区域特色鲜明的产教融合型行业,在全国建设培育 1 万家以上的产教融合型企业,建立产教融合型企业制度和组合式激励政策体系。

近年来,随着产教融合概念、内容与规模的不断深化与增加,我国各大高校逐步形成了各种产教融合培养应用型人才的模式。据《经济日报》的不完全统计,截至 2019 年 6 月,我国企业与高等院校共同建立起来的产教融合机构和与之相关的经济实体就多达 8 000 个,俨然已经形成优势互补、风险共担、利益共享、产学研联合教学的系统。我国各级政府,上至中央,下至地方,都在积极为校企产学合作提供政策和法律环境的保障,规范产学合作行为,推动或促成产教融合、校企合作。

二、高校发展的需要

自1999年教育部出台《面向21世纪教育振兴行动计划》以来,我国的高等教育正式开始扩招计划,高等教育毛入学率的大幅增加,加快了中国高等教育大众化进程,在校学生人数持续增长。高校大学生数量的急剧增长,也导致近年来社会上讨论大学生就业难的话题非常火热。随着我国社会经济的高速发展,特别是面对新常态下,企业转型升级的迫切需要,企业急需大量服务生产一线的高级技术技能人才,而大批的高校毕业生却不得不面对着毕业及失业的压力。导致这一矛盾的根本原因在于学校与企业的专业结构不对等,学生与企业之间的期望不相符。解决这一矛盾的根本方法就是培养应用型、技术技能型人才,然而担当我国高等教育大众化重任的是原有的普通高校、新兴的地方本科高校和高职高专,部属高校扩招的数量远不如这些普通高校。参照国际经验,精英大学承担精英教育的任务,以培养学术型人才为主;地方本科普通高校以及高职高专等应用型高校,以培养应用型人才为主,也是我国高等教育大众化的必由之路。

我国应用型高校酒店管理专业处在社会经济体制转型期,走产教融合、校企合作教育之路,对培养应用型高素质、兼具服务技能及丰富管理经验的中高层管理人员具有重要意义。

随着我国旅游产业转型升级和大众旅游时代的到来,酒店行业有了迅猛发展,需要大批高素质的应用型酒店管理人才。产教融合已成为地方高校应用型人才培养模式改革的逻辑主线,但在目标定位、专业设置、师资结构、校企合作等方面存在诸多问题。目前应用型高校酒店管理专业普遍存在教学与行业联系普遍不够紧密,学生所学知识陈旧,脱离行业发展需求;校企合作办学的模式单一、效果一般;专业课程设置上强理论弱实践,学科间缺乏交叉融合,在教学组织上仍主要采用知识灌输型的理论授课模式,实践教学占比较小且缺乏规范性与系统性,学生实践技能与应用能力的培养不到位,学生知识结构单一,行业经验与实践能力不足,难以胜任职业岗位。现阶段酒店管理专业的人才培养模式相对滞后于行业需求,对面向未来的职业核心技能预估不足,导致现阶段毕业生的岗位胜任能力缺失,在竞争过程中优势不明显。基于此,应用型高校酒店管理专业的发展,有三点特别重要。

(1)高校要努力提高学生教育质量。现代社会的迅速发展,对人才综合素养提出了更高要求,包括对酒店管理系教师和学生都提出了更高的要求。近年来高等教育规模扩张,增加了更多的教育机会,但同时也伴随着教育质量下降的可能性。高等学校的人才培养模式达不到培养目标或社会用人标准,学生没有通过接受教育获得应有的技能,无法得到社会认可,进而影响学生接受高等教育,从而影响学生发展预期的实现。为了满足学生的需求,将其培养成适应社会发展的人才,必须紧密结合企业对人才的需求,实施产教融合。

(2)高校要积极提高资源配置效率。①高校要提升教育资源的配置效率,提供更多的教育机会。提升教育资源利用率源于社会资源的稀缺性,政府能够为高等学校提供的资源有限,学校能利用的其他资源的途径较少,且只限于教育自身的内部资源。因此,要提升高等学校的供给规模,就要挖掘潜在教育资源,吸引企业参与,将企业的资源和熟练的技能人才引入人才培养中,通过产教融合,扩大教育供给的数量和提升教育供给的质量,在微观上实现教学活动与生产活动的融合。②高校要积极提升人力产出资源的配置效率,实现高等学校的人才供给结构与劳动力需求结构相互适应。高等学校培养的学生作为一种潜在市场劳动力资源,将会在社会经济发展中发挥重要作用。但目前大学毕业生的就业处于总供给上升,而总需求疲软的状态,其学生的综合技能与用人单位不相适应,造成一定程度的人力资源浪费。究其根源主要在于学校的人才培养模式存在问题,高等学校没有承担起为地区经济发展培养人才的责任。提升人力资源配置效率就是要求学校培养的人才为社会经济发展提供驱动力,就是要学校能够结合市场所需培养社会发展所需的人才,通过与企业合作,能够充分运用双方优势,发挥双方合力,实现培养的毕业生适应社会需求结构的目标,通过产教融合,宏观上实现教育和产业的融合。

（3）为实现学生顺利就业，提供教育教学是高等教育的一个重要任务。要有效地促进学生就业，除了进行以就业为导向的教学改革，千方百计地帮助学生找到工作岗位之外，还必须帮助学生在学校期间就能够为就业做好准备。

近些年来，一些高校实行产教融合的做法和经验表明，如果能够有效地推进顶岗实习和毕业实习，对学生的将来就业会有极大的帮助。①实行工学结合、校企合作，能够帮助高校的学生获得实际的工作经验，使他们在毕业时能够比较顺利地被用人单位录用。高校实行产教融合，学校安排在校学生到企业进行半年或更长时间的顶岗实习，让他们以学徒身份从事特定的岗位工作，按照企业实际的生产和服务要求，"真刀真枪"地参加工作实践，实际上也就是让学生具备用人单位在录用新员工时所需要的工作经历。②实行产教融合，能够有效地提高学生的实际工作能力，使毕业生快速实现由学生向职工的角色转换。高校和企业等单位通过开展产教融合，安排学生进行工学交替，就能够让学生在学习和工作的有效结合中更好地熟悉工作情况，掌握工作技能，了解各个环节的要求，获得适应工作实际、服务环境和解决实际问题的能力，同时提高道德修养，形成综合职业素养，得到全面发展，为他们将来参加实际工作打下坚实的基础。③实行产教融合，能够及时地帮助学生掌握就业信息，实现学生就业和企业用工的顺利对接。实行产教融合，能够增加学生接触企业等用人单位的机会，使他们在实际生产和服务过程中，既能够熟悉企业对人才素质的要求，又能了解企业聘用新员工的意向，直接或间接地获得有用的就业信息，并有助于部分毕业生留在他们顶岗实习的岗位上直接就业。

三、企业人才储备的需要

（一）企业人力资源储备的需求

酒店行业作为劳动密集型产业，一方面每年都能够解决大量的劳动力，这已是不争的事实。另一方面，酒店行业员工的高流动率已经成为一种常态，大有愈演愈烈的趋势。频繁的员工流动严重制约着酒店行业健康、持续的发展。各大酒店长期处于"用工荒"的尴尬处境,让酒店行业很是头疼。酒店行业的高流失率由很多原因导致,如何做好酒店人才储备,摆脱"用工荒"的处境,是酒店行业非常重视的一环。基于此,现在很多大型酒店集团,热衷于去高校酒店管理专业大量招实习生,半年的顶岗实习,一定程度上缓解了酒店的人力资源匮乏,但是长期依赖实习生,也会出现生源不稳定、实习生经验不足、服务质量难以保证等问题。顶岗实习结束后,能否留得住人才,做好酒店人才储备成为酒店行业急需解决的问题。

企业对人力资源的需求是选用与企业岗位有较高匹配的人员,降低企业运营成本。企业的运营与发展有很多的资源作为保障,其中很重要的一类资源即人力资源,充足且高质量的人力资源是企业发展的核心要素之一。聘用与企业匹配度较高的人才,不但可以确保企业经营活动的运行,而且可以为企业创造更多的价值。近年来,很多大型酒店集团非常重视校企合作、产教融合,打出"我们不做红艳一时的玫瑰,而要做春华秋实的稻谷"的口号,表达出积极参与学生全过程、全方位的培养,共同致力于酒店管理人才培养的雄心。例如,一些酒店集团和职业院校非常看好现代学徒制,从校企双方共同招生、共同制定培养方案、共同开发课程资源、共同建设教学平台、共同实施人才培养方案和共同组织考核评价六个方面进行了校企深度融合的尝试。一些地方应用型本科高校,也积极投入大型酒店管理集团订单班、管培生的建设工作,步子迈得较大的高校,甚至成立了专门的产业学院,探索校企协同育人方案。

(二)企业自身发展的需求

产教融合的背景下,酒店行业希望通过与高校建立深层的合作来促进酒店的发展。①利用学校教育资源、人才资源技术创新方面的优势,为企业提供人力、技术、管理等方面的支持。②提高企业知名度树立良好的企业形象的需要。良好的企业形象,对企业的发展起到很大的促进作用,企业与高校深入融合,学生是行业未来的领航者和主力军。通过对学生的培养以及让学生参与企业的经营管理过程,让未来行业的主力军了解并认同企业,拓宽了企业宣传的渠道。③获得政策性优惠的需要。企业是以通过经营获得经济利益的组织,经济利益是企业发展所关注的,降低企业的运营成本是企业获取利润的一种方式。通过校企合作,可以使企业获得政府的政策性优惠,如减免税收、贴息等,以及在与学校共同开展的生产性合作中获得经济利益。④建立学习型企业的需要。经济快速发展,同时带来现代技术的不断创新。作为企业,要跟上时代的发展,企业的发展离不开新理念、新方法的不断吸收、学习,这需要企业具有不断学习的能力。建立学习型的企业成为企业发展的需要之一。通过学习型企业的构建,在与学校深入合作的过程中,带动企业员工主动学习。

总而言之,行业和企业是产教融合、校企合作的重要推动力量和实施主体。在技术创新的导向下,企业实质性参与和一体化合作有利于高校人才培养,教育科研和社会服务等职能的重组和协调,有利于促进高校与社会的良性互动。

第二节　我国酒店管理专业发展现状

一、我国酒店管理专业的发展情况

据历史记载,我国最古老的一种官方住宿设施是驿站。从商代中期驿站开始出现,到清代光绪二十年(1896 年)结束,驿站在我国长存了 3 000 余年。19 世纪初,一些西式饭店和民族资本投资新建的中西结合式饭店陆续兴起和发展,构成了我国近代饭店发展史。

改革开放之后,我国饭店业开始真正进入现代饭店发展阶段。1978 年旅游还是新生事物,人才匮乏,旅游与酒店管理的研究可以说是白手起家,尤其是对于旅游是不是一门科学,社会上和学术圈内对此都存有很大的争议。旅游成为一门学科,进入高等学府更是经历了一番曲折的过程。1979 年上海旅行游览专科学校是全国第一所培养旅游及酒店管理高级专业人才的专科学校,隶属上海市人民政府外事办公室,1980 年更名为上海旅游专科学校。上海旅游专科学校的成立也标志着我国旅游高等教育的开始。

本科层次上,我国最早开办旅游类专业的高校则是南开大学。1981 年 9 月,当时的旅游系是挂靠在历史系下招生,直到 1982 年,才将旅游系从历史系脱离出来独立招生。1983 年该校开始招收旅游地理方向的硕士研究生。此次,全国各地高校陆续开始设置旅游类专业,并开始大规模招生。

从 1979 年上海旅游专科学校开始招生旅游系(包括酒店管理系)学生,一直到 1998 年,当时的旅游学科一直划归在经济学学科门类下的工商管理专业类。1998 年以后增设了管理学学科门类,旅游管理随工商管理类归入管理学,属于二级学科。2012 年教育部颁布《普通高等学校本科专业目录》,旅游管理从工商管理类中分离出来,独立成类,在管理学门类下与工商管理类并列,成为一级学科管理学类别。旅游管理作为一级学科又包括旅游管理、酒店管理、会展经济与管理、旅游管理与服务教育几个专业方向。

1982 年中国第一家合资饭店北京建国饭店的开业,拉开了我国现代饭店发展的序幕。酒店行业经过 40 多年的快速发展,中国酒店遍地开花,国际酒店品牌万豪、香格里拉、希尔顿、洲际、喜达屋、凯悦、最佳西方、温德姆、凯宾斯基、雅高等巨无霸连锁集团纷纷入驻中国;与此同时,一大批优秀中国本土酒店企业也迅速崛起,逐渐成为酒店行业中的翘楚,如锦江集团、北京首旅集团、华住集团、格林酒店、华天酒店、君亭酒店等。酒店管理专业原本是旅游管理的一个方向,庞大的酒店专业人才的需求,催生酒店管理专业成为独立的招生专业,在很多专科院校,酒店管理的招生人数已经超过旅游管理、会展经济与管理,成为绝对的招生大户专业。

总的来说,学术研究型大学偏向于旅游管理类学生的招生,重在旅游经济学、旅游规划方面的理论和实践研究,酒店管理往往是旅游下面的一个方向;而一些地方高校尤其是地方应用型本科、专科院校,更加注重实践、应用型方面的人才建设,因此专业的分界更清晰,分成旅游管理、酒店管理两个专业分别招生,所授科目有很大的区别。

二、我国酒店管理专业产教融合基本情况

酒店管理专业主要指的是研究经济学、管理学、酒店管理等方面的基本知识,能够掌握酒店的前台、餐厅、客房、会展等接待服务的技能训练和经营

管理的相关知识,适应未来酒店业发展需要的中高级经验管理人才。酒店管理专业从 1979 年在我国开始正式招生,已经积累了 40 余年的专业建设。酒店行业属于服务性行业,该专业有较强的实践性,各应用型高校都非常重视该专业的校内外实践课程体系。

我国应用型酒店管理专业产教融合情况主要体现在校内实践教学情况的开展、校外实习的开展以及校企产教融合的资源配置情况。

(一)酒店管理专业校内实践教学情况

2015 年,教育部发文指出:"要建立以提高实力为引领的人才培养流程,实现专业链与产业链、课程内容与职业标准、教学过程与生产过程对接,加强实验、实训、实习环节,实训实习的课时占专业教学总课时的比例达到 30% 以上,建立实训实习质量保障机制。"

所谓实践课程教学体系,狭义上指的是实践教学内容体系,即在制定教学计划时,通过课程设置和各个实践教学环节的配置而建立起来的与理论教学体系相辅相成的内容体系,主要包括实验教学、实训教学和实习教学等。实践课程体系建设是应用型本科院校实现人才培养目标的重要内容。酒店管理专业属于实践课程比重较大,实践内容和形式较多的专业,加强加快酒店管理专业实践教学体系的优化构建,具有重大意义。

课堂实践教学环节是酒店管理人才培养的基础条件,是酒店岗位专项技能训练,包括前厅、客房、餐饮三大核心部门的实践实训。除此之外一些高职及应用型本科院校还开设了调酒、咖啡调制、茶艺甚至插花等拓展技能。另外由于高校之间资金投入的差距,校内实训条件差距较大,部分高校校内实习实训比较简单薄弱,例如前厅实训室仅仅搭建了前台的桌子,电脑是摆设,没有插入信息系统的相关软件。以武汉市开设酒店管理专业的高校为例,除了少数几所资金实力较强的院校购买了前厅模拟所需的西软、Opera 软件系统,其他十余所设置有本科、专科酒店管理专业的院校都因为购买软件的资金问题,而未安装。这也导致学生顶岗实习过程中,前厅实操基本是零起步阶段,一切还是要到行业中去学习操作,校内实践未能达到行业用人标准。

应用型高校产教融合首先是校内实践的实训室能达到仿真要求,其次是课程设计环节能做到对接行业标准,缺一不可。这需要高校在产教融合过程中,拿出真金实银做好校内仿真实训室。在资金筹措过程中,对于有资金困难的高校,可以充分发挥校企合作办学,校企共建仿真实训室;一方面解决学校的资金缺乏问题,另一方面解决酒店的人才储备问题,从而达到校企共赢的局面。

(二)酒店管理专业校外实习情况

酒店管理专业校外实习这一块,各高校根据教学计划安排的实习时长和实习形式会有一些差别。笔者通过和武汉市四所市属高校(武汉市市政府创办、直接领导)的任课教师以及学生进行深入交流,得到这些高校的专业与行业合作情况,见表4-1。

表4-1　武汉市四所市属高校专业与行业合作情况

学校名称	实习时间	实习情况对比	实习模式
江汉大学	顶岗实习半年、毕业实习半年	该校旅游管理专业(酒店方向),顶岗实习半年,时间为大三下至大四上学期,实习地点为北京、上海、武汉、杭州等知名五星级酒店等校企合作建立的实习基地,实行校内校外双导师制,按照实习计划完成顶岗实习;毕业实习采取自主实习。另外该校建有学术交流中心,是由武汉国资委和江汉大学共同出资兴建的四星级标准的商务会议型酒店,能在一定程度上辅助该校的实践教学	主要以协议单位、实习基地实习为主

续表 4-1

学校名称	实习时间	实习情况对比	实习模式
武汉商学院	顶岗实习半年、毕业实习半年	该校酒店管理专业,顶岗实习半年,时间为大二下(第四学期),大三上(第五学期)返校继续学习,大四下学期再进行以自主实习为主的毕业实习。采取的是"循行导教2AB"中的2AB=AB+A′B′;其中,A表示校内学习与实验实训,B表示校外基地的专业教学实习;A′表示校内新知识和新技能的学习与拓宽;B′表示校外的毕业实习。实习地点主要是武汉本地、一线城市北上广深以及沿海经济发展较好城市的高端酒店以及新业态酒店	主要以协议单位、实习基地实习为主,也尝试过订单班、管培生模式。后者有轮岗机会
武汉城市职业学院	顶岗实习半年、毕业实习半年	该校酒店管理专业,顶岗实习主要是大三上学期,毕业实习大三下学期,实习地点是经济发达的一、二线城市,实习酒店分中高端酒店	主要以协议单位、实习基地实习为主,也尝试过订单班、管培生模式。后者有轮岗机会
武汉软件工程职业学院	顶岗实习半年、毕业实习半年	该校旅游管理专业(酒店方向),顶岗实习、毕业实习各半年,贯穿大三一年,实习地点为武汉本地以及经济发达的一、二线城市,实习酒店分中高端酒店	主要以协议单位、实习基地实习为主。基本一岗到底,轮岗机会较少

由表4-1可知,四所高校都是采取半年顶岗实习、半年毕业实习,实习地点集中在经济发达的一、二线城市以及长三角经济发达地区。从调查来看,几所高校实习主要采取签订实习协议,在实习基地实习半年,大部分学生基本上一岗到底,岗位单一。其中两所高校尝试了订单班、管培生实习模式,可以小规模实现岗位轮换,这种模式相对而言能够更好地调动学生积极性;但订单班对学校、企业、学生都要求较高,合作的持续性容易受各种因素影响而中断。

酒店管理专业学生在顶岗实习之前对行业还是有较多憧憬的,但半年的基层顶岗实习,加上岗位形式单一,往往一岗到底,缺乏轮岗的深入学习,久而久之造成实习生较大的落差感,对继续从事这个行业缺乏信心。

笔者通过同长三角、珠三角以及武汉市各大高星级酒店人事部管理人员沟通得知,目前很多酒店从成本考虑出发,半年的顶岗实习,很少会主动提出轮岗制;少部分合作多年的高校,如果实习成批制,并能保证整年提供实习生,部分优秀实习生是可以获得半年或者一年的轮岗制,但这毕竟是少数。轮岗制的推行需要学校及酒店从学生及教学角度出发,实行校内和酒店双导师制,兼顾酒店利益的同时,满足学生至少一次轮岗的机会,争取到不同的岗位得到锻炼,深入酒店各部门,既避免了单一岗位的乏味,也对酒店各部门的工作内容和岗位职责、岗位流程有深入了解,为未来酒店职业经理人打下基础。

(三)校企产教融合的资源配置情况

1. 产教融合理念得到深化

酒店管理专业的办学史,可以追溯到20世纪80年代,经过30多年的发展壮大,形成从中专到大专、本科、硕士点的纵向发展,专业发展的深度有了质的飞跃。近年来,随着产教融合概念的不断深化,内容与规模的不断深化与增加,我国各大高校逐步形成了各种产教融合,培养应用型人才的模式。据《经济日报》的不完全统计,截至2019年6月,我国企业与高等院校共同建立起来的产教融合机构和与之相关的经济实体就多达8 000个,俨然已形成优势互补、风险共担、利益共享、产学研联合教学的系统。但是相比国外酒店管理专业,尤其是国外顶尖级院校还有很大的差距。1893年瑞士洛桑酒店管理学院成立并开始学院式酒店管理的教学,经过100多年的发展,其走在世界最尖端的课程体系,其他院校无法复制。"洛桑模式"的另一亮点就是实践实习环节。除了学院内高度结合酒店真实环境的实操项目,分布在全球106个国家的全球校友会财富,给洛桑学生提供了广大的实习和就业机会。学校教学计划中要求学生毕业之前,必须有1~3次的酒店实习,持续时间3~6个月不等。第一次实习趋向实际操作,第二次有机会参与企业的行政管理工作,承担各种项目方案。这种校企合作、产教融合是一种良性可持续的循环。

2.校企产教融合的践行

中国酒店管理专业近十几年来提出了产教融合理念,但是落到实处的并不多。酒店给学生提供了顶岗实习的机会,进而解决了员工短缺、人力成本高的问题,因此乐于招实习生,但是很少能做到站在学生发展角度进行全方位轮岗实习。这也是学生经历过实习后,很少愿意回到酒店行业的一个很重要的原因。而学校也习惯了更多依赖企业管理实习生的办法,很少插手酒店对实习生工作的安排。学校和企业各自从不同的利益出发点考虑,进行简单易行的单一形式的顶岗实习,两者之间的互动仍然是一种浅层次的校企交流、实习合作模式,企业的实战资源和学校的人力资源,并未得到有效的资源配置。

产教融合的核心是产业与教育的有机融合,但是现阶段绝大部分酒店表现出急功近利的一面,将学生的实习过程当作廉价劳动力的获得过程。酒店行业在整个育人的过程中,一直非常乐于参与高校的顶岗实习环节,而对于校企教科研研究、校内仿真实训室建设、人才培养方案的制定、课程体系的构建、学生能力的培养等方面参与度不高。这里面有很多的原因,其中最根本的原因就是校企产教融合过程中,没有共同的人才培育目标,没有体现出双赢,就很难要求行业、企业参与到整个育人过程。不过,近十年来,随着大型国际酒店连锁品牌以及国内自有大型酒店集团在中国大陆的遍地扎根,如何解决酒店行业人力资源紧缺、断流问题日益突出。进入新世纪,很多大型酒店集团开始重视和高校的各种互动,不仅仅是热衷于单纯的顶岗实习,它们更希望校企能有深层次的互动,参与到酒店人才的共建全过程,而不是给其他酒店做嫁衣。基于此,我国现阶段,不论是高校还是政府、酒店,都开始尝试校企全过程、多维度的共建人才培养,最终实现产教进一步深化融合。

第三节 产教融合背景下酒店管理专业人才培养的问题

一、校企合作模式单一,顶岗实习效果一般

产学结合、校企合作是应用型高校有效推进工学结合人才培养模式的重要形式,也是培养高技能人才的重要途径。为了更好地掌握顶岗实习的真实情况,本书以武汉商学院 2016 级、2017 级、2018 级酒店管理专业本科及专科学生为主要调查对象,实习酒店分布北京、上海、武汉、杭州、绍兴、厦门、深圳、泉州等十几个省市。本次调查共发放问卷 312 份,有效问卷 302 份,调研结果如下。

在整个顶岗实习流程中,实习动员、实习面试、考核评优需要学校做好相应准备工作,而从入职到返校为期 6 个月的实践教学任务主要由酒店承担,学校做好适度的心理指导及辅助性工作。(图 4-1)

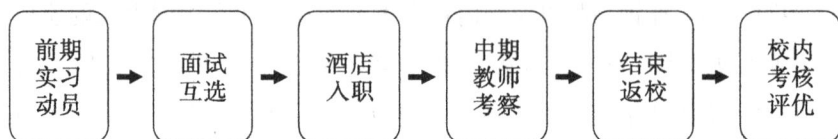

前期实习动员 → 面试互选 → 酒店入职 → 中期教师考察 → 结束返校 → 校内考核评优

图 4-1 顶岗实习基本流程

(一)实习满意度不高

顶岗实习双方衔接度及育人机制对实习体验感十分重要。但实习结束后部分学生对顶岗实习不太满意,68.63% 的学生对顶岗实习态度一般,仅有 21.57% 的学生实习效果达到预期,回顾整个顶岗实习流程以及所涉及的学校、学生与企业三方,根据实习满意度情况说明顶岗实习存在问题并影响学生实习体验,有较大改进空间。(图 4-2)

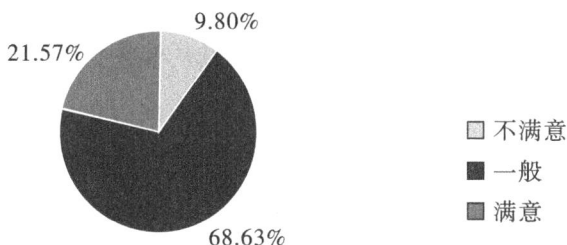

图4-2 顶岗实习满意度

基于顶岗实习期望值调查,学生期望值以1～10分为打分标准,以5.5分为分界线。大于5.5分表示期望值较高,小于5.5分表示期望值较低。通过数值可以看出,学生在实习之前对酒店期望值较高,多数同学在8分左右,对顶岗实习前景较为乐观。但实习后期望值明显下降到5分左右,反映出实习期间体验经历不佳。(表4-2)

表4-2 顶岗实习期望值

名称	实习前期望值	实习后期望值
平均值	6.69	4.5
众数	8	5

(二)岗位定向且单一

岗位的多样性有利于激发实习生工作激情和学习热情,更全面了解酒店各部门,对实习体验感十分重要,这不仅符合学校整体教学大纲,也有利于酒店未来人才储备。现实状况是多数实习生并未轮岗,酒店会定岗培训半个月,再将实习生安排到固定岗位实习。对于只有半年实习期的实习生来说,酒店为节约时间成本和培训成本多直接将实习生安排在固定岗位。这导致学生长期待在固定岗位面对枯燥的工作以及与主管和同事之间的矛盾,极易对酒店产生厌烦感,在毕业以后选择逃离酒店行业。

通过问卷调查,学生实习前期望值6.69,实习后期望值4.5,实习前后的期望反差巨大,其中一个重要原因基层顶岗实习,岗位形式单一,往往一岗到底,缺乏轮岗的深入学习,久而久之造成实习生产生较大的落差感,部分学生认为实习就是完成任务换取学分,对继续从事这个行业缺乏信心。

从调查走访来看,武汉市属高校酒店管理专业与企业共同参与、联合进行应用型人才培养的稳定机制尚未完全建立,校企合作模式较为单一,多限于订单式培养、顶岗实习、校外实训基地等形式,且深入性和持续性不够,缺乏牢固的长效合作机制。目前很多酒店从成本考虑出发,半年的顶岗实习,很少会主动提出轮岗制。

高校局限于完成将学生从学校向企业的输送,企业着眼于有人可用,减少人才引进成本,这种合作实质上只是表层的衔接,双方在运作机制、培养模式与培养方法上均缺乏有效的沟通,实训项目缺乏科学的设计与实施,在经费投入、设施建设上投入不足,没有形成一个稳定、可持续发展的利益共同体。这种松散式、表层化的校企合作基础薄弱,合作内容单一,实习环节流于形式,最终影响到产教融合、校企协作育人的实施效果。

二、师资队伍建设落后行业发展,职业素养和实践能力欠缺

(一)师资队伍建设不全面,教师教学方法偏理论

地方应用型高校的师资身份属于地方政府统筹管理,薪资及师资建设高度依赖于地方财政。在师资引进及建设方面,地方高校与省部级高校之间,还是有一定的差距。近些年,高校在人才引进方面,师资力量仍以高学历为导向。高学历人才并不只是受"211"高校和"985"高校热捧;一些地方应用型院校的师资力量也以硕士、博士为主。重学历讲理论本是好事,但是在偏应用型的地方高校,尤其是类似于酒店管理这种经验实战型专业,高学历未必有高技能,高学历未必有酒店行业实操经验。特别是一些地方应用型本科高校,这种尴尬的局面更加严重。在人才引进门槛方面,部分地方高校仍然热衷于高层次、重学术的人才观,大量有学历、无行业经验或者少行业经验的高学历教师涌入高校任教,年轻化、高学历的师资结构导致具有理论知识和实践技能的"双师型"教师严重缺乏;师资与行业脱节、重理论重科研轻实践的现象,在地方应用型高校中普遍存在。

高校教师执教的水平和能力,影响高校教育教学的发展和进步。2015

年教育部、发展改革委、财政部发布了《关于引导部分地方普通本科高校向应用型转变的指导意见》,就是为了避免地方高校盲目追求学术型高校的理论高度,多站在应用型维度,立足地方,向应用型高校转变。转型发展本身是带有阵痛的,地方应用型高校教师目前有转型的想法,但是在教学方法上未达到"双师双能型"教师的要求,还停留在理论教学为主、实践教学比例不足的传统教学方法,势必使得教学效果不佳,进而导致学生得不到系统的实践理论和操作经验的指导。最终地方应用型高校"双师双能型"教师比例不达标,实践型教师相对较少,导致师资结构不合理,教师队伍建设未跟上产业转型发展的潮流。一方面,地方高校每年也会派出教师外出挂职锻炼,但如果不是带薪挂职半年以上,事实上挂职效果不够理想;另一方面,虽然学校也会从合作酒店聘请少量中层管理者作为兼职教师,但又存在授课时间不确定、教学能力和方法差异较大、管理难度较大等问题。

（二）教学内容未与时俱进,师资职业素养和实践能力欠缺

地方应用型高校立足地方,服务当地经济发展,培养高素质高技能复合型人才,已成为转型发展过程中的共识。然而部分地方高校,尤其是新建地方高校,教学模式和教学内容上还未能做到真正的"产学研"一体化。尤其是课堂教学、实训教学、实践教学和现代化教学手段还未能进化到符合市场需求的应用型、创新型教学体系。应用型高校在解决教学内容"教什么"的过程中,教材的选用及建设工作尤为重要。传统型纸质版教材,在信息化、数字化浪潮中,出现了教材内容理论偏多实践性较少,学科间交叉性不强,没有形成系统的知识体系,这也导致教材内容滞后行业发展,偏离了高校应用型人才的培养目标。

酒店管理专业是一个重实践和管理经验的学科,教师职业素养和实践能力欠缺,将会导致知识供给与企业职位能力需求错位。课程建设上强理论弱实践,学科间缺乏交叉融合,导致学生知识结构单一,难以胜任职业岗位。在教学组织上仍主要采用知识灌输型的授课模式,实践教学占比较小且缺乏规范性与系统性,学生实践技能与应用能力的培养不到位。人才培养与产业需求的对接不畅必将影响高校自身的可持续发展,也不利于社会经济的发展。

三、产教融合平台效果不明显,融合深度有待加强

(一)产教融合平台效果不明显

20世纪90年代开始,产教融合在学校层面上的融合平台主要有校内实践教学平台、校外实习实训基地,这些平台在校企合作初期确实发挥了促进实践教学、校企协作育人的作用。2014年至今,我国正在力行"产教融合、协同发展"的第三阶段,部分走在前沿的高校开始探索校内创新创业孵化平台、产业学院等具有鲜明实践教学环节的平台。企业和地方高校在人才共育、校企联盟、成果转让、技术开发、资源共享等方面有了很多合作,也取得了一定的成就。但近年来校企在深化产教融合过程中,也出现校企合作层次不高、深度不够等通病。以应用型高校酒店管理专业为例,当前产教融合模式主要表现为人才培养与交流模式、较浅层次的产教融合共建模式——企业和学校的人才交流,大多数停留在共建实习基地、顶岗实习、订单班等形式的产教融合,企业参与人才培养的融合深度有待进一步强化。

酒店和专业共建实习基地,学生参与顶岗实习,本身是一种良性的校企合作,但出于成本利益考虑,学生在酒店顶岗实习并未产生良好的效果,大型酒店在未得到充分受益的政策支持下,无法调动积极性与地方高校共同组建产教融合集团(联盟),推进实体化运作。因此酒店管理专业的顶岗实习常常表现为校企合作模式单一,学生跟岗、顶岗过程中,岗位形式单一,缺乏深度的轮岗;校外实习基地停留在接受实习生实习,在教学、科研、技术研发等合作及创新方面,并未进行深度融合。

极少数地方高校产教融合模式能够在校企研发、项目牵引模式方面有所建树,高校和地方经济、地方产业的研发深度、合作广度方面都有待提高。究其原因,一是老师、学生自身研发能力、实操能力还有待提升,二是政府、高校、行业、企业还未达成"人才共建、资源共享、利益共赢"的契合点,还存在从宏观战略、法规支持到微观政策、行动方案上的分歧,产教融合之路有待进一步完善。

(二)产教融合的深度有待进一步挖掘

产教深度融合、校企深度合作,是应用型高校酒店管理专业发展的方

向。从某种程度上讲，一所院校产教融合的深度决定其生存和发展的高度。目前地方应用型高校开展的产教融合，多以实习基地建设为主，校企之间以顶岗实习形式为主，提供的资源大都是初级合作形式为主的人员、技术或一般信息，而为学校提供先进设备、参与学校联合科技攻关解决技术难题、技术咨询、企业在校内建立生产型实训车间等深层次的合作成功案例相对较少，还未达到教育活动与社会生产实践及社会服务紧密结合的预期构想，校企产教融合的深度有待进一步挖掘，具体情况如下。

首先，校企合作层次需要进一步深化。酒店管理专业要实现产教融合，关键在于校企合作。由于产教结合、校企合作的涉及面广，酒店管理专业要结合自身的办学特色和优势，找准酒店与学校的联系点和利益共同点，找准突破口，逐步深化，以点带面，逐步提高产教融合层次，从基础面向战略层面深化，从实践实训模式到订单培养、定向培养、社会培训、酒店职工再教育等全方位合作进行拓展，从简单的顶岗实习向合作开发、委托开发、共同建立研发和产业化实体等转变；从面向几所酒店，向面向一个酒店行业转变。

其次，产教融合的途径要进一步多样化。应用型高校酒店管理专业产教融合形式，除了上述比较常见的校外实习基地建设，也可进一步延伸其他形式，例如校外生产性教学、委托培养、订单式培养、工学交替等多种校企合作模式。此外，契约合作也成为一种新型的产教融合途径。校企之间通过协议、合同方式建立战略合作关系，形成战略联盟。通过契约合作，应用型高校酒店管理专业可引进大型酒店集团的人才培训标准等，并转化为自身可利用的教育资源。酒店行业也可利用院校的人才、科研等要素深化合作。

最后，要提高产教融合的思想意识，建立深度融合的长效机制。很多地方高校虽然也响应中央号召，想积极开展校企合作，但在行动力方面，却停留在浅层次的校企合作，想要进一步迈开步子深度合作又患得患失、畏首畏尾。应用型高校要树立产业深度转型下，教育必须面向和融入产业发展才有出路的认识，只有思想认识够深刻，才能提高主动性，把产教融合推向更高的阶段。除此之外，在办学机制方面，不能用常规的行政办学机制约束实践教学，要逐步建立与现代管理制度相适应的现代学校管理制度及内部治理体系，这是深化产教融合的制度保障和改革方向。

四、政府角色不清晰，主导作用未充分发挥

当前，我国经济发展正面临着加快产业结构升级和调整、走中国特色的新型工业化道路的重大变革时期。党的十九大报告提出的"完善职业教育和培训体系，深化产教融合、校企合作"是一项国家的战略部署。如何全面贯彻全国教育大会精神，把深化产教融合、校企合作战略部署落到实处，需要社会各界的共同努力，更需要政府充分发挥自身功能。近些年我国中央政府层面陆续颁布了诸多有针对性的产教融合政策，如《国务院办公厅关于深化产教融合的若干意见》《建设产教融合型企业实施办法》《国务院关于大力推进职业教育改革与发展的决定》《关于推动现代职业教育高质量发展的意见》《国家产教融合建设试点实施方案》等政策文件。国家颁布这些政策的目的在于加快形成产教深度融合的外部环境，地方高校与产业、行业的产教融合单靠教育系统、院校方面或者企业的努力难有明显收效，政府需要发挥其主导作用，但现实情况不尽如人意，高校产教融合落地环境还有待改善，具体表现在以下几个方面。

（一）政策的落地生根问题

近年来，中央政府和地方教育部门对我国高校校企合作、产教融合制定了多项制度。在政策层面，近年来出台的《关于深化产教融合的若干意见》《建设产教融合型企业实施办法（试行）》等政策，这些政策多偏于宏观或中观层面，对产教融合具有一定的推动作用，但由于其存在强制力弱的短板，缺乏具体可操作性的措施，在落地方面有一定困难，且大部分政策出发点都是为教育服务的，与产业自身的发展没有太多的关联。促进校企深度融合，但制度在落实执行方面遇到了困难。

国家出台了相关产教融合型企业建设的宏观政策，具体落实到地方、企业、地方院校暂时还没有相应的权责界定和法律法规的保障。地方政府在响应国家政策的口号方面，态度积极，但实际行动、具体动作较少，尤其是缺乏有效政策的保障和法律的规范与激励。校企融合的主要参与者如行业、企业和高校，并未享受到法律的保障和具体优惠政策的引导，导致校企双方积极性不高；校企合作工作的具体行为也尽显随意，导致多数利好的政策出

现了执行不力的结果。校企双方的责任、权利、义务以及利益分配没有明确规定,也没有相应的具体激励措施;企业、行业参与校企合作,没做硬性的要求,使得企业参与校企合作积极性不高,企业并未真正得到自己所需要的人才。校企合作仅停留在表层,而在专业教学资源库建设、优势资源共享、标准制定、师资培养和教材课程开发等方面难以得到企业和行业的参与,呈现"一头热""两张皮"的奇怪现象,高校并未享受到制度带来的"红利"。

（二）产教融合的立法缺失问题

产教融合过程中,一方面,行业、企业、院校作为产教融合的主体方,没有得到地方政府层面对各方权利及义务的明确界定,各自行为缺乏监管和法律法规约束,多方利益和责任也存在失衡。另一方面,企业作为主要参与人,在职业教育中的主体地位也未能从法律层面予以确定。在实施层面,当前各项政策安排未能形成有效的利益耦合机制,缺乏具体的实施办法和操作路径,尤其是税务、财政、国资等方面尚缺乏具体化的配套政策,"最后一公里"尚未打通,影响了企业参与校企合作的积极性和地方教育的发展。产教融合立法的缺失,将会直接或者间接导致企业参与教育利益的立法保护和激励措施缺位,履行教育责任的补偿政策力度不够或界定模糊。

当前,产教融合深化过程中遇到诸多短板,都需要通过推进产教融合立法予以有效破解。校企产教融合应以立法方式明确产教融合各法律关系主体的权责和实施路径,在产教融合法律的规范下,建立激励机制、协同育人机制、协同科研机制、利益耦合机制和风险防范机制。在机制驱动下,推动产教融合的企业和学校才能像双螺旋一样互相补充、互为支撑,不断拉长长板,补齐短板,进而构建以产业需求为导向的产教融合新格局。

（三）地方政府宏观统筹问题

发达国家推动产教融合、校企合作,都是政府主导型。政府在产教融合发展中应发挥"领导"作用,具体体现在:政府既是产教融合发展的立法者、决策者、驱动者,又是产教融合的引领者、组织者、协调者、监督者、评估者。

地方政府作为产教融合发展的主导者,是多元主体协同的管理者和战略制定者,起着不可替代的重要推动作用。在实施层面,当前各项政策安排未能形成有效的利益耦合机制,缺乏具体的实施办法和操作路径,尤其是税务、财政、国资等方面尚缺乏具体化的配套政策,"最后一公里"尚未打通,影响了职业教育的发展和校企合作的积极性。

我国地方政府在接收、宣传产教融合的政策方面确实不遗余力,但是缺乏具体行动计划,可操作性措施不够细化,政府在企业参与高等教育校企合作方面的约束不足。地方政府在统筹地方高等教育与区域发展布局、规划产教融合与经济社会发展、促进高等教育融入国家创新体系和新型城镇化建设、推动学科专业建设与产业转型升级相适应、健全需求导向的人才培养结构调整机制等方面,没有承担起政策及制度制定的责任。在角色定位方面,很多地方政府还是习惯做"主导者",而不是政策执行的监督与评估、宏观调控等具体职责的"引导者"和"推动者",缺少一个重要的融合机制和载体来帮助学校和企业去落实国家在校企合作、产教融合方面的政策。

(四)产教融合效果的评价机制问题

国家陆续发布了产教融合的相关政策文件,政策规定了深化产教融合的目标方向,但产教融合的深度如何界定?产教深度融合的效果如何评价?有关产教融合型企业认证标准和评价办法细则有待修订和完善;支持、激励、知识产权保护、成果转化、技术转移等政策需要结合实际情况去细化。我国产教融合评价机制的问题主要包评价指标的确定以及评价标准的建立。

(1)产教融合建构的评价指标问题。①不论是政府还是学校缺乏重视有关制度、组织层面的评价指标;②没有系统整合教育链、人才链与产业链、创新链有机融合方面的评价指标,显得比较杂乱;③没有理顺评价指标之间的关系,独立性、层次性不强。如何有效解决产教融合评价指标的确定问题,需要我们进一步科学建构。

(2)产教融合构建的评价标准问题。目前看来,关于产教融合的评价标准,美国制定了大学合作办学的成功标准,总体来说具有一定的代表性,对世界各国产教融合评价产生了较大的影响,具有较大的参考价值。我国由于产教融合起步较晚,国内产教融合评价标准还未真正建立。而且西方的评价标准与我国深化产教融合的理念、目标和任务,有较大程度上的差异,因而不能完全照搬来用于国内产教融合评价。如何有效解决产教融合评价指标的建立问题,需要我们进一步在理论与实践中深入研究,这也是确保我国产教融合评价科学性的关键所在。

总之,产教融合过程中涉及技术研发和创新,时间考量的周期以及一系列结果性的内容还有待相关政府部门进一步出台政策。发展地方本科教育及职业教育的主体责任在地方。地方各级党委和政府要将地方应用型人才培养置于经济社会发展的重要战略位置,增加政策供给的有效性,理清产教融合效果的评价机制,为产教融合创造友好环境,赋予地方院校更大的自主权、调动行业企业参与产教融合的积极性。

五、高校定位模棱两可,服务地方经济效率不高

高校普遍被认可的三大职能分别是教学、科研和社会服务。不同层次、不同类型的高校对三大职能的侧重点有所不同,但我国高等教育结构一直以来都表现为层次分明而类型单一。根据教育理论和实践研究,地方院校人才培养定位应用型,但在实际办学过程中,不少地方院校办学定位不清晰,在人才培养过程中,容易模仿研究型大学办学模式。部分院校虽然口号上喊出"立足应用型,做好转型发展",但在人才培养、科学研究的实施过程中,未能对接当地经济社会,服务区域经济能力较弱,转型发展遇到瓶颈。

经过近年来的发展,我国的地方高校、职业院校相继经过了工学结合、校企合作和产教融合等专业人才培养模式。尽管我国地方应用型高校、职业院校在产教融合的过程中取得了一定的教学效益,但是产教融合在发展的过程中还存在不少问题。

(一)高校管理人员教学理念未与时俱进

众所周知,学校领导人员的教学理念对整个学校开展工作具有十分重要的作用。部分地方高校的教学理念偏传统,在人才管理、人才培养及建设方面,没有具体可行的计划;或者有计划,并未按照计划有效实施,教师"闭门造车"现象在大部分学校仍然盛行。许多地方高校的管理人员、教职员工根本就没有进行过系统的产教融合理论学习和教育管理。管理人员是学校推进产教融合制度的信息规划者和国家政策的执行者,更是解决产教融合过程中所出现问题的协调者。管理人员在行政管理规章和合作的程序上没

有进行深入了解和重视,使许多校企合作项目没有办法进一步开展。管理人员队伍业务素质能力不高,则会导致地方高校在产教融合的过程中对人才培养目标缺乏理论认知,无法认清现代企业管理岗位对人才结构的需求,这一系列的负面效应必然使得部分地方高校在产教融合培养模式之中处于低层次水平。

地方高校对校企合作表象上很重视,实际操作上不够奋进。不少高校与地方企业签订了校企合作协议,而这些书面协议大多只是应付上级检查的材料,既无实质意义上的校企合作办学,更无合作共享的核心技术和经济共同体。高校与地方政府、企业间缺乏信息交流与沟通机制,企业缺乏与高校合作的积极性。

(二)部分地方高校关门办学,服务地方经济能力较弱

地方应用型高校及职业技术学院大多位于地市级城市,隶属于地方政府管辖,在社会关注度方面相对来说缺乏关注和支持。许多地方高校对产教融合教学途径缺乏必要的积极性和主动性,长期关门办学,与地方政府沟通合作不畅,不能把学校发展和服务地方经济社会发展有机结合,不能有效利用政府、社会的丰富政策和资金资源,不能共享企业先进的设备、工艺、技术优势。一些地方高校在办学过程中,存在办学经费紧缺,经费、师资、设备、基地等不能得到政府、社会和企业的有效支持,双师型教师缺乏,实验设备缺乏,教学基地不足等问题,严重阻碍了地方高校应用型人才培养质量的提高。

职业院校和地方应用型高校隶属于地方教育局管辖,一些地方高校仍然是关门办学,高校服务机制不够健全,在管理机构设置上只考虑与上级主管部门相对应,缺乏主动服务与合作互惠意识;在职能与功能定位上只考虑满足自身教学、科研和学生管理的需要,尚未设置为地方经济建设服务的组织机构,为经济建设服务的职能难以发挥。经济新常态下,地方高校科技科研成果转化能力弱,与地方经济的融合发展受阻,需要搭建形式多样的合作创新平台,更好地服务地方经济。

(三)校方人才培养不能满足企业需求

在2017年召开的十二届全国人大五次会议上,时任教育部部长陈宝生

谈到行业、企业和学校的深度融合时,明确指出:只有把专业建在产业链上,才能了解产业发展的现状。在市场经济和宏观经济的影响下,时代日新月异,企业技术更新较快,这需要企业不断引进与时俱进、具有创新发展能力的高端技术人才。地方高校、职业院校人才培养方案、专业建设、课程设置等方面仍无法适应社会及企业的需求。很多地方高校的人才培养方案,理论上是 3 年一变更,实际上数十年未有大的改变,学生一入学时就按照既定的专业人才培养方案执行,专业培养始终落后社会和企业需要,院校的人才培养目标与企业实际岗位需求之间有较大的差距。这就造成学校培养的学生到了企业之后不能立刻上岗参与相关工作,反而还需要企业花费时间、精力、人力、资金等成本对他们进行再培训。

作为传道授业解惑的地方高校教师,普遍面临理论知识更新速度不快,实践操作又拼不过企业在职人员的窘境。地方高校教师在校期间往往一肩挑起教学工作量重担,一肩挑起科研工作量重担,工作压力大。虽然地方应用型高校以及地方职业院校,一直在呼吁职称评定不应以论文和课题作为评定的唯一标准,但事实上绝大多数地方高校的考核指标仍然以核心论文和高级别课题作为考量指标。"应用转型、产教融合"的口号,地方高校喊了很多年,但重理论、科研,轻教学、实践的作风,仍在盛行。在这种科研风向标的指挥下,教师工作压力大,"双师型"教师,很多时候都是沦为口号,并未真正有计划推进,有行动力执行。从根本上说,还是学校的定位不清晰,追求科研上的高质量论文发表、国家级课题的数量,沿袭着学术型高校的老路,没有探究适合地方应用型高校的一套治校理念。对于教师个体而言,教学上完成了学校的规定教学课时量之后,如果不是学院硬性安排,就不会积极主动地要求下企业。对于下企业学习锻炼这个事,没有政策上实质性的倾斜,教师们会存在一定的惰性,能少一事就少一事,学院教师面对校企合作企业的开发、联系、维护等工作大多积极性不高。

所以,从地方高校领导层"重科研轻教学",普通教师教学"重理论轻实践",教学质量远落后于行业发展,人才培养方案与企业实际岗位需求始终存在差距这几点,直接反映了产教融合问题的根本在于学校形式的职业教育脱离了工作现场,与行业企业形成了体制内与体制外的区隔。学校和企业组织功能迥异、性质不同、目的各异,遵循规律也不同,由此形成了两条平行轨道,这成为制约地方高校职业教育发展的瓶颈性因素。

（四）地方高校成果转化不到位

产业与教育深度融合的一个重要表现,是将教育成果转化为企业创新成果,进而服务经济社会高质量发展。高校肩负着人才培养、科学研究、文化传承和社会服务等功能,科技成果的转化则是高校社会服务功能的重要体现。高校利用自身科技、人才、信息等优势服务社会,在科学研究和科技成果转化方面具有较大优势。从目前我国产教融合的效果看,一些地方应用型高校及高职院校科研课题与企业创新成果关联度不高,高新技术转化难度大,校企双方无法从科研和创新层面达到深度融合。相对于高校丰硕的科研成果来说,地方高校成果转化状况却不容乐观,痛点主要包含以下几点。

1. 产学研合作机制不够健全

目前尚未形成政府、企业、社会、高校之间紧密互动的机制,产学研供需主体单一,多为企业—高校单向结构,尚未形成吸引科研人员主动转化成果的有效激励和制约机制。校内应用开发类成果也比较少,科研课题易与市场脱节。

2. 科技成果标准化评价体系不够完善

目前科技成果所涉及的领域、种类繁多,针对不同领域缺乏细化的评价指标。同时,专业评价机构和人员的缺乏,也导致评价结果质量良莠不齐,不能对高校成果的市场性、长远性做出科学的评估,容易产生评价结果价值偏移、有失公正的情况,从而导致企业和高校对合作信心不足,对转化风险顾虑较多。

3. 科技成果转化中介服务不到位

社会上的科技中介机构难以实现全方位的服务,没有建立健全成果转化平台和服务的体制机制,大多数机构功能单一,提供信息服务不及时或缺乏准确性,从而导致成果转化技术市场的信息流通体系不完善,高校与生产企业对科技成果供需信息交流不畅。

4. 科技成果纳入无形资产管理过程不够清晰

高校科技成果纳入无形资产管理过程中，未建立起无形资产核算制度，导致无形资产入账方式、评估渠道不明确，各部门职责不够清晰，难以对无形资产进行量化管理，影响高校科技成果转化的顺利进行。

地方高校成果转化状况不理想，一方面是成果导向不够明确，很多地方高校侧重于对科研理论方面的研究，对科研成果转化停留在论文发表、课题撰写等层面，对市场热点缺乏一定的敏锐度，参与科研成果转化的内生动力不足。同时，受科研成果转化周期长、投入大、风险高等因素制约，对科研成果转化的重视程度不高。另一方面，相比西方发达国家，我国缺乏相应的地方应用型高校和职业院校的服务机构，企业和学校的合作仅限于学生实习、学科建设、办学经费管理等方面，对科研成果转化的支撑和保障力度不足，沟通协调机制不完善，企业和院校在产教融合过程中对科研成果转化的支持政策理解不到位、把握不准确，校企合作成果与市场需求对接不紧密，制约了科研成果转化的效率和效果。

六、企业参与产教融合动力不足，运行机制不够完善

新中国成立后，在计划体制经济的大环境下，政府办学和企业办校并行，支撑着中国的教育走了近半个世纪。1958年，国务院在《关于教育工作的指示》中提出职业教育"国家办学与厂矿、企业、农业合作社办学并举"方针，企业从此名正言顺地成为所办学校的管理主体。1980年，在《关于中等教育结构改革的报告》中，国务院再次指出，"实行国家办学与业务部门、厂矿企业、人民公社办学并举的方针"。越来越多的企业投身教育领域，一时间，企业办校空前繁荣。而真正将企业和职业学校紧密连在一起的是国家统一招生与分配制度。这一时期我国许多职业院校最初是由行业部门或企业自主创办的。当时，为了培养他们所需要的人才，行业或企业设立了学校。学校干部由行业主管部门或企业派出，资金来源由行业主管部门拨付或企业筹集，教师由行业或企业聘请，学生就业间接流向行业或企业。学校和企业有着天然的血缘关系，工业和教育的融合自然是密切的。到20世纪80年代末，全国有技校4 184所，其中，企业和企业主管部门办的占80%以

上,遍及机械、电子、能源、交通等 22 个部门和系统,近 50 个工种。当然,这一时期的职业教育也存在办学不标准、教育质量和水平不高的问题。

20 世纪 90 年代以后,所有的职业院校都由教育部门统合管理。所有部门和行业都已经移交了自己的学校,企业不再举办教育。由于缺乏促进产教融合和校企合作的综合性、系统性政策供给,产业与教育的实质性互动逐渐减少。虽然国家密集下发了许多文件,但从具体效果来看,"两张皮"问题并没有得到真正解决。在职业教育领域,企业逐渐从发展的"主力军"中退出来,办学比例逐渐萎缩。

2010 年开始,《教育规划纲要》提出要制定促进校企合作办法法规,推进校企合作制度化。到 2014 年 6 月,国务院明确提出"政府推动,市场引导"的办学原则,第一次强调企业应发挥"重要办学主体作用",首次对企业办职业教育的发展提出了政策支持,企业逐渐成为职业教育发展的重要推力。2018 年 2 月,教育部联合相关五部门发布的《职业学校校企合作促进办法》中明确"产教融合、校企合作是职业教育的基本办学模式,是办好职业教育的关键所在"。至此,企业举办职业教育的地位得到回归和进一步明确。

近 10 年来,地方本科高校和高职院校在校企结合和产教融合方面取得了很大进展,但大多数属于产教融合的初级阶段,部分地方产教融合较为滞后,校企合作方式主要是共建学生实习基地、校企共育订单式培养、校外顶岗实习等;校企合作办学,由于牵扯的合作机制复杂,很难有长远发展,往往浅尝辄止,合作内容缺乏系统性和实用性。地方高校的实践发展证明,仅仅依靠学校的主动是不够的,产教融合要取得显著成效关键在于让企业真正成为人才培养的重要主体之一。

(一)企业参与产教融合的内生动力不足

随着现代企业的发展,企业已成为技术创新的主体,为参与应用型人才培养创造了条件。但在实际运作中,由于合作机制不健全,企业在与高校的合作过程中未能提升其产业竞争力和汇聚发展所需的人才支持和智力支撑。加之政府对校企合作的经费支持、利益补偿、法律法规、约束机制等政策支持、指导和调节不够,导致他们参与校企合作的内生动力不足。

企业参与产教融合的动力源自人才需求和获利。在落实产教融合过程中,一方面,企业需要在短时间内投入一定的人力资源和资金、设备、场地等,特别是投入的人力,需要在人才培养和技术研发上花费大量时间和精力,而短时间内企业无法看到实际效果。同时技术和服务的创新投入大、周期长,现实生产力的转化也不是在短时内能完成的。另一方面,在产教融合协同过程中,受制于体制机制等因素影响,学校方担心国有资产流失,企业方考虑市场风险及盈利的可预见性;在产生盈利的情况下,校企双方又存在利益如何分配方面的诸多问题等。因此产教融合中,这些因素都将导致企业参与产教融合的动力不足,企业投入短期性和实际见效的长期性之间存在不可调和的矛盾。

(二)企业短期性投入与见效长期性的矛盾

企业作为产教融合主体,参与产教融合有着诸多利益诉求。如依托学校科研资源开展产品研发和技术攻关,希望获得政府给予的各项财税、用地等优惠政策,提升企业的社会美誉度以及优先选聘优秀毕业生,等等。然而现实情况是,行业、企业缺乏参与的积极性。企业参与职业教育有外溢性,企业花大成本培养了人,这些人很难说最后到企业来。即便来了,能不能待得住也是个问题,反而是去别的企业挖人成本更低。

产教融合型企业前期建设过程中需要投入大量的人力、物力和财力,校企双方在教育教学、人才培养、技术创新、人才输送、成果转化等方面的管理制度和实施办法还需要制订和细化。人才的培养、输送和科技创新成果的获取都需要一个相对较长的过程,短期来看地方行业、企业需要降低自己的利益或者很难获得与高职院校产教融合、校企合作带来的益处,导致行业、企业参与建设的积极性并不高。如此一来,容易形成恶性循环。开展产教融合具有投入的风险性及长期性,会使得企业很难准确估量可获取的短期收益,这些情况也会影响企业参与产教融合的意愿。

(三)企业缺乏开展产教融合的支撑体系

近几年国家连续出台了关于产教融合的文件,要求企业参与办学,但是对于企业,特别是私营企业、中小微企业来说,他们已经完成了就业、纳税等社会责任,而参与职业办学并不是他们必须承担的社会责任,政府要求企业参与人才培养,必须制定切实可行的政策,给参与办学的企业实在的回馈。

企业也没有解读清楚校企协作的内涵和意义,没有建立协作的长效机制和约束机制。

企业是面向市场运作,以营利为目标,自主经营,自负盈亏的社会经济组织。高等教育讲究社会责任和效益,属于公益性事业,性质上就有本质区别。企业可以与学校合作,也会愿意与学校合作,但不是必须与学校合作。当前,不少企业缺乏开展产教融合的支撑体系。在知识管理、技术科研体系、企业师资配置、资金投入、学生实习就业、师资培养等方面存在诸多不足,不能为学校开展产教融合提供有效支撑。且不少企业倾向于选择与研发能力强的"双一流"院校开展合作,忽略了企业自身支撑体系的强化和完善。

（四）企业社会责任意识较弱

企业是社会经济组织,面向市场运作,以营利为目标,实现利润的最大化,尤其是中小企业要在激烈的竞争中生存下来,必须以营利为首要目标,自主经营,自负盈亏。从发达国家的产教融合经验中可以发现,当地形成了行业、企业以主人翁姿态参与职业教育的格局,政府和学校是"后来加入者",其作用更多的是配合行业、企业搞好职业教育与培训。我国一些地方的状况恰恰相反,行业、企业是"后来加入者",受传统惯性束缚,缺少主动参与的意识。参与产教融合的企业积极性不高,存在缺乏社会责任意识的可能,但最为主要的原因应该是企业不能从产教融合中受益。

国家把产教融合上升到国家战略层面,不仅是加快落实教育供给侧改革的重要举措,也是促进产业升级的有力抓手。然而,很多企业把产教融合看作传统的顶岗实习,企业对产教融合内涵理解不深。作为社会组织,企业有承担高于组织自己目标的社会义务,不能把利润作为开展产教融合的唯一目的,在开展企业经营的同时也要注重对社会的贡献,主动承担社会责任,视育人为己任,积极践行产教融合。

总之,我国地方应用型高校以及职业院校,经过几十年的发展,相继经过了工学结合、校企合作和产教融合等专业人才培养模式,有过成效总结,但也受体制机制等诸多因素影响,部分学校人才培养供给侧和产业企业需求侧存在着"两张皮"问题。2017年12月,国务院办公厅发布了《关于深化产教融合的若干意见》,文件明确提出"深化产教融合,促进教育链、人才链与产业链、创新链有机衔接,是当前推进人力资源供给侧结构性改革的迫切要求,对新形势下全面提高教育质量、扩大就业创业、推进经济转型升级、培育经济发展新动能具有重要意义"。

产教融合作为促进国家经济社会协调发展的重要举措,可推动政府、企业和学校三者协同合作,共同促进应用型高素质高技能创新型人才培养。地方应用型本科院校和职业院校在国家政策指引下,相继探索了适合自己发展的产教融合模式,但尚存在地方政府、学校和企业三者角色和作用模糊等问题。

第五章　酒店管理专业应用型人才培养模式个案分析

改革开放以来,中国酒店行业经过40多年的不断发展,酒店人才引进与培养已成为整个酒店业的重要组成部分。面对全球化、网络化的时代背景,我国国内酒店业所处的环境日趋多元化,对高素质应用型国际化酒店人才的需求日益旺盛。随着酒店业的蓬勃发展,我国很多高等院校都开设了酒店管理专业,并进行了大量的招生,但高校之间酒店管理专业办学差距较大,很多高校为了抢占生源,虽开设了酒店管理专业,人才培养方案却生硬照搬其他高校,没有进行广泛的市场调研,培养出的学生未能对标酒店市场需求。

本书选取了北京中瑞酒店管理学院(民办)和南京旅游职业学院(公办)两所地方高校为案例,从学校概况、人才培养模式的实践等方面进行陈述,通过实施重点与成效,总结出可借鉴的经验。

第一节　中瑞模式

一、中瑞酒店管理学院专业建设情况

(一)中瑞酒店管理学院概况

北京第二外国语学院中瑞酒店管理学院(以下简称中瑞)是按照新机

制、新模式由高等学校和企业合作举办的普通本科高等学校。

中瑞酒店管理学院是一所国际化、应用型大学。学院以北京第二外国语学院优质教育资源为依托,引进了国际上最著名的瑞士洛桑酒店管理学院培养模式和核心知识产权。学院在筹建过程中,得到了瑞士洛桑酒店管理学院在校园建设、课程体系、管理团队以及师资培训等方面的咨询服务和学术支持,所有专业课程教师都接受过洛桑酒店管理学院严格培训。学院已经加入洛桑酒店管理学院的学术认证体系,共享其在全球的教学、实习、就业等资源。中瑞面向全国招生,优势专业包括:酒店管理、人力资源管理、财务管理、市场营销、健康服务与管理。学生毕业可获得本科毕业证书和管理学学士学位。

(二)中瑞育人文化理念

中瑞的育人文化理念和办学特色可以简要概括为"12345":一副对联,两套支撑系统,三个核心价值观和三个零容忍,4IP 和 5H。

1. 一副对联

上联:知行合一,学以致用;下联:做正派人,干正经事,横批:育人教书。这是中瑞校园文化的基础,也是人才培养体系的基础。

育人教书不仅仅是传统意义上"教书育人"次序的改变,更重要的是强调"育人为先"。通过教师言传身教和校园文化熏陶让学生既学会做人又学会做事,倡导学生先努力成为一个品行兼优的人。中瑞提倡全心全意为学生服务,学生是学校的主人,要尊重学生,关心学生,帮助学生,爱护学生。

2. 两套支撑系统

实现中瑞办学理念的两套支撑系统,即独特的养成式校园文化和全球领先的人才培养模式。

全球领先的人才培养模式主要体现在以下方面:①中瑞搭建真实职业育人环境,强化沉浸式全景育人效果,真正做到教学运营一体化、理论实践一体化,让学生在干中学,学中干。②中瑞教学酒店设施齐全,红酒雪茄吧、中西餐厅、咖啡实验室、客房、宴会厅等既是经营场地又是课堂,学生在教师的指导下进行运营和学习,教师的角色既是学业导师又是部门经理;部分经营场所如教学酒店的瑞士酒吧晚上交由学生运营。③教学过程中鼓励学生大胆尝试,不怕犯错,把错误犯在校内,学生在实践过程中无意打坏器具无须赔偿,在场师生会鼓掌以示鼓励并给予正确示范。学生在课堂和教学酒店完成物资采购、餐饮服务、客房服务、宴会管理、营销及财务管理等专业课学习。学生在第三、六学期进行校外实习,所以中瑞学生在毕业时相当于已经有一年半的工作经历。

中瑞教师在课堂上既教知识,更要管理课堂,以做到课堂育人。教师在课前 5 分钟检查学生考勤、着装规范,不符合着装规范的学生将被计入"12 分行为规范管理系统"并被要求回去更换。教学督导巡检项目之一是查看教师是否干预着装及行为失范的学生(如上课玩手机或者睡觉)。

3. 三个核心价值观和三个零容忍

中瑞奉行"尊重、专业、责任"的核心价值观,它由中瑞全体师生票选产生,是全体中瑞人的行为准则。践行学院核心价值观,要求全体管理人员以身作则,比如建设无烟校园,院长带头戒烟;乘坐电梯时,女士优先,没有院长优先;院长和老师、同学们一起食堂排队就餐;走在校园里,院长和每一位师生、保洁、保安打招呼;每月举办一次院长午餐会,听取学生对于学院运营和管理的意见,也鼓励学生在提意见的同时提供解决方案;院长和学生们一起健身,参加学生活动,随时了解学生的学习、生活和思想状况。

2012 年,中瑞对全体教职工提出三个零容忍,即反党、反国家、反社会、反学院零容忍,道德败坏、学术腐败零容忍,贪污受贿零容忍。

4. 中瑞的核心竞争力——4IP

办学 15 年来,学院打造了"中瑞模式",有自己的 4 个 IP。第一个 IP 是符合业界实际的课程设置。中瑞在借鉴全球领先的酒店管理学院课程设置的基础上,结合中国国情和学情制定了具有特色鲜明的酒店管理人才培养方案,中国旅游协会和中国旅游饭店业协会参与课程设置并进行教学督导,使中瑞课程紧密结合酒店及泛服务业发展,使学生知识技能与职业素养相契合,理论和实践相融合,真正让学生在学中做,做中学。第二个 IP 是自主编写的教材。按照中国旅游协会和中国旅游饭店业协会的标准,由业界顶级专家挂帅,带领中瑞具有丰富经验的业界教师和具有深厚理论功底的学界教师共同编写符合行业实际、高质量、有特色的专业教材,学院现有自编特色教材40部。第三个IP是实践与理论相结合的师资队伍。中瑞坚持"双师型"的师资队伍,聘请具有酒店及泛服务行业丰富从业经验的总经理、总监等高管和具有多年高校工作经验的专家教授共同担任授课教师。第四个IP是独特的校园文化。

5.中瑞人才培养过程——5H

中瑞奉行"尊重、专业、责任"的核心价值观,和养成式教育的理念,倡导师生平等,鼓励学生自我管理,并参与学院管理,营造中瑞特色的校园文化。着力培养学生掌握三个能力和两个习惯:Hand(动手)、Head(用脑)、Heart(走心)、Health(身心健康)、Happiness(快乐学习、工作、生活)。中瑞自2018年6月开始对教师开展5H培训,两年内中瑞全体师生员工完成5H培训,并继续开展5H对外培训。

中瑞工会和团委通过第二课堂组建各类社团和俱乐部,鼓励全体师生拥有一项兴趣爱好和一项体育运动,"work hard,play harder";学院将体育课打造成"体育超市",学生根据自己的兴趣和教师的特长进行选课;每学期专门抽出一周时间举办"瑞·悦成长季"活动,师生根据兴趣爱好可以加入同一社团,一起活动,中瑞的瑜伽校队师生们在2021年首都高校第五届瑜伽比赛中摘得七个一等奖、三个二等奖、"优秀教练员奖""最佳组织奖"、团体总分第一名的成绩。

(三)中瑞养成式教育体系

1.以酒店业为标准的着装和行为礼仪规范

中瑞酒店管理学院自成立之初开始,就非常重视学生的职业素养教育,因此在中瑞校园内一直将校园文化和酒店文化结合起来,融会贯通,按照中国酒店行业服务礼仪规范制定师生礼仪规范。教师和学生在正课期间须佩戴胸牌,穿着商务正装进入教学区。同时为弘扬中华传统服饰文化,将旗袍、青年装和中山装也纳入商务正装范围,每周五师生穿着商务休闲装,逢重要活动和庆典如奖学金颁奖典礼、毕业典礼等,师生可以穿着礼服。为让学生知书达礼守秩序,中瑞围绕学生的学习和生活制定了一系列礼仪规范,并将礼仪进行了程序化培训,如端正坐姿、站姿礼仪;行走礼仪要求左手执物,路上见到垃圾要捡拾,等等。

中瑞还强调在家尊重父母、在校尊重他人、外出遵守公共秩序等传统文化和公民素养,如回家问候父母、离家道别,为父母做一餐饭、用实习工资给父母买礼物、请父母看电影等。

2. 关注学生日常生活习惯的养成

学生生活习惯的养成,主要体现在星级宿舍评定和无烟校园建设。校内宿舍,将酒店的五星级评定标准融入校园内宿舍星级评定制度,鼓励所有学生积极投入文明公寓建设的活动中去。根据评定结果学生宿舍被划分为一星到五星五个卫生管理档次,这一结果将纳入学生综合素质评价系统,并将成为学生评优评先的依据之一。为满足部分同学晚上读书及学习的需求,在每层宿舍楼设置了"尚书房",营造宿舍学习氛围。

中瑞坚持建设无烟校园。吸烟区之外的吸烟行为将被计入"12 分行为规范管理系统"。有吸烟习惯的学生将被列入班级帮扶对象,帮助学生制定戒烟计划;新聘教职工要签订"不吸烟承诺书";在职教职工仍有吸烟习惯的,须承诺戒烟时间,提倡师生共同维护校园"无烟"环境。

3. 蒲公英队伍以及"12 分行为规范管理系统"

"蒲公英"是中瑞校园文化督导团队的代称,由师生共同担任。蒲公英分为金、银、铜级及入门级四个级别,入门级蒲公英称为"督导员",金银铜级蒲公英称为"督导官"。蒲公英志愿者在早晨、中午以及大课间对全院师生行为规范进行督察,督察结果计入"12 分行为规范管理系统",12 分扣完后除要受到相应处分外,还要重新参加培训、考核合格后方可继续参与教育教学活动。

4. 鼓励学生自我管理和参与学院民主管理

鼓励学生自我管理和参与学院民主管理,学院成立了公寓委员会、伙食委员会等,比如学生在餐厅吃什么、多少价钱、什么风味等都由学生决定。学校的各种学生活动不是老师布置后学生参与,而是全程由学生组织,教师提供指导,校园活动既是课外活动又是学习过程,中瑞处处是课堂。

学院自 2012 年开设了学生法庭,主要议定学生违纪事项、建议处分类别,拟受处分的学生可以自我陈述,也可以请同学、家长辩护。师生法庭,师生共同参与,模拟法庭处理师生违纪情况,充分体现民主公平公开。

二、中瑞人才培养模式的实践

(一)人才培养实践

1.人才培养目标及主干课程

(1)培养目标和就业方向。中瑞酒店管理专业主要培养学生的应用能力和职业精神,培养具有国际化视野,胜任酒店产业中高级职位的专业管理人才。学生毕业后可在酒店、餐饮、航空、会所、邮轮、会展等旅游行业工作,或在其他服务行业(如金融、医疗、零售、客运等)从事相关工作。酒店管理专业紧紧抓住市场对高端酒店管理人才的需求,成为高等教育中突出实践应用能力培养的典范。培养学生成为具有领导能力、组织能力、动手能力和应用研究能力,具备团队合作意识和奉献精神,能够适应新的环境和挑战,具有多元文化意识和开放心态的中高级国际化、应用型酒店管理人才。

(2)主要课程。主要课程有住宿管理、餐饮服务原理、餐饮服务应用、食品制作原理、食品制作应用、饮料知识、市场营销学、人力资源管理、管理会计学、财务管理、收益管理、工程与设备管理、安全与危机管理、战略管理、旅游学、节事与 MICE 管理、应用沟通学、过敏学与营养学、机构与大众餐饮服务、创业与中小企业管理等。

(3)专业特色。引进瑞士洛桑酒店管理学院人才培养模式,学分在洛桑酒店管理学院及经过其认证的全球其他 7 所酒店管理学院互相认可。学生学习期满,成绩合格者,可获得由中瑞和瑞士洛桑酒店管理学院校长合签的学术认证证书。课程体系注重理论教学和实践教学的平衡和统一,着重突出学生职业意识和实践能力的培养。通过分阶段、分层次开展理论和实践教学活动,使进入酒店工作的学生经过短期磨合即可走上管理岗位。

2.真实工作环境下的教学氛围

在中瑞酒店管理学院的教学模式中,理论课程和实操课程紧密结合,实操课占总课时的 35%,在传授理论知识的同时也注重培养学生的动手能力,突出应用型本科酒店管理教育的特点。中瑞整体规划和设计遵从一流酒店标准,配有四星级标准教学酒店,可以做到实景教学。学院设有咖啡实验室、红酒雪茄吧、中餐厅、西餐厅、宴会厅、演示厨房和酒吧等,满足学生实操课的需求。

餐饮服务的理论课结束后,学生会立即在教学酒店中进行真实环境下的操作练习,区别于传统酒店管理专业教学中的角色扮演,是实打实地进行对客服务,学生不仅为师生提供午餐及晚餐服务,而且会接受作为客人的同学们和老师的点评,更以此来评定课程成绩。服务流程也完全按照星级酒店标准进行,在用餐结束后,作为服务员的学生还会进行满意度调查,从而改进工作、提升服务水平。

中瑞酒店管理学院注重建立双师型队伍,课上课下教学氛围浓厚,聘请来自普通高校的硕士及以上学历教师,选派没有酒店工作经验的教师进入酒店顶岗实习,定期邀请业界的高层领导讲座。中瑞酒店管理学院的大部分老师都有着多年国际性星级酒店服务管理经验,教给学生的不仅仅是课本上能够学到的理论知识,更多的是多年实践而获得的经验感悟、沟通服务技巧、酒店人的职业素养等。

3. 深化专业教学程度

中瑞酒店管理学院以"一个专业,一座学校"为理念,致力于不断加深酒店管理专业化教育的程度,不断推陈出新,对于酒店业涉及的诸多方面都进行了有益的探索,突破了传统酒店管理专业教育课程设置只包括前厅客房餐饮管理的思维局限。

学院对人才的培养勇于突破,独树一帜,开设专业品牌班,专业教学,如丽思卡尔顿、万豪等,针对不同的酒店管理集团进行针对性教育,使得学生能够更加深入地了解自己感兴趣的酒店管理集团的品牌文化、集团发展路径、集团内部设置运营等方面,为以后的职业生涯完美做好铺垫。

学院与优秀酒店管理集团签订了品牌班合作协议,酒店与学生可以进行平等的双向选择。品牌班会邀请合作酒店的高级管理人员担任客座教师,把国际上优秀酒店的管理理念和文化带到学院,使学生能够尽早接触到最先进的企业管理实践,深入了解各品牌的服务和管理特色,将课堂向外拓展到企业。

4. 课程体系进阶式设计

在课程体系设计方面,中瑞在课程设置上遵循洛桑模式和中国酒店管理教育的课程设置要求,设计了素质与能力并重的课程体系。公共基础课注重培养学生的思想道德素质和身心素质,体现了可持续发展的要求。专业课设置立足于酒店服务业领域,以酒店的实际运行和行业标准为指导,遵循由操作到理论,由基础到综合的整体原则,主要集中在基本技能、酒店管理理论、酒店管理操作、当今酒店行业现存问题研究、专业交流技巧、研究分析与技巧等核心课程。理论课程+实操课程的课程体系,让同学们在理论课上学习基础知识,在实践课上锻炼动手能力。

学生从酒店基本操作技能入门,继而学习运营管理和商务课程,再上升到高级管理课程。第三和第六学期分别在世界知名酒店及高端商务企业开展运营岗位与管理岗位实习,汲取职场经验、提升综合素养。第四年为战略视野阶段,是所学知识、技能和经验的综合应用。四年课程设置理论和实践平行、素养与技能并重,如图5-1所示。

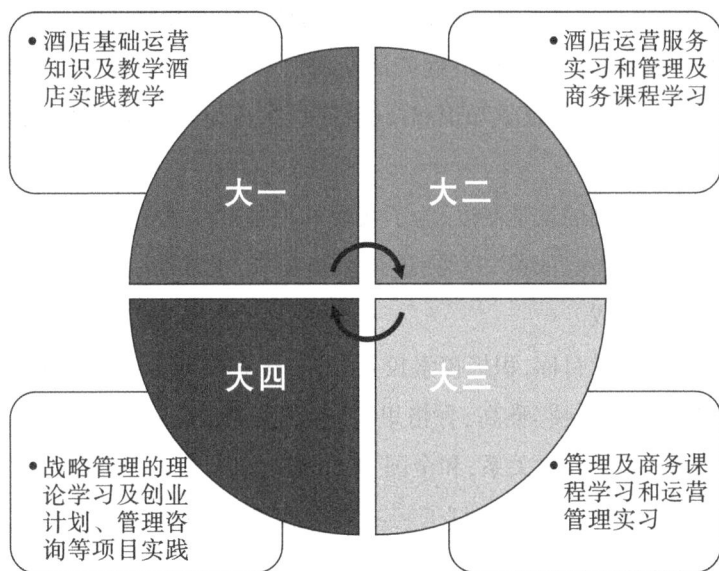

- 酒店基础运营知识及教学酒店实践教学

大一

- 酒店运营服务实习和管理及商务课程学习

大二

大四

- 战略管理的理论学习及创业计划、管理咨询等项目实践

大三

- 管理及商务课程学习和运营管理实习

图5-1　中瑞四年制课程体系图

此外该校独有的酒店管理专业国际课程班的课程,其特色涵盖以下几个方面:

(1)雅思必修。

（2）核心课程全英文授课。

（3）免费海外游学（地域历史文化+专业课程）。

（4）海外合作院校国际课程。

（5）自主选择海外双学位和本硕连读项目。

（6）留学指导课程+校友留学经验分享讲座。

除此之外，中瑞目前已与英国、美国、澳大利亚、法国、加拿大、瑞士、日本等多个国家的几十所海外院校建立了多种学制组合的双学位和本硕衔接中外联合培养项目，满足同学们的个性化需求。

5. 校内外实训紧密结合

中瑞酒店管理学院的在校生日常行为规范完全按照酒店职业行为标准。在校师生像酒店员工一样一律佩戴名牌，在仪容仪表、礼节礼貌、行为举止等方面都执行酒店日常管理标准。仪容仪表对人的约束力是一种潜意识活动，正式的着装会不自觉地拥有职业精神。任课教师课堂上是老师，课下便是教学酒店的经理。通过这些活动，努力营造"学院即酒店"的环境氛围，使学生在校期间不仅学知识和技能，而且在行为规范和职业素养上及早进入"酒店工作状态"。

学院是四年制的教学制度，为了实现理论与实践紧密结合，分别会在大二的第一学期和大三的第二学期进行顶岗实习，正常的实训课程都在学院经营的酒店里完成。

中瑞围绕办学目标，积极探索校企合作，建立校外实习和就业基地。目前已经和万豪、希尔顿、雅高、香格里拉、凯宾斯基、凯悦等世界知名酒店管理集团建立良好的合作关系，和全国28个省市以及新加坡、美国、阿联酋等国家的两百余家酒店企业签订了实习就业协议。学院实习生、毕业生受到业界和社会广泛的欢迎。

（二）产学研办学特色

1. 国际化人才培养

中瑞积极开展国际交流，通过学生交流、教师交流、学术会议等形式，与美国、英国、澳大利亚、新加坡、韩国等12个国家26所高校建立了密切联系，每年有近百名师生到国外交流学习、实习实践。

中瑞引进和借鉴世界顶尖大学人才培养理念和模式,核心课程设置、教学计划和教学设备与国际顶尖酒店管理学院完全接轨,形成了具有鲜明特色的应用型人才培养模式。中国旅游协会、中国旅游饭店业协会专家全程参与教学标准的制定、教学督导;聘请国际五星级酒店及泛服务行业的高管和具有丰富高校专业教学经验的专家教授共同授课,开展实景教学,真正实现学中做,做中学,教学运营一体化,培养的学生都具有良好的职业素养和职业技能。

2.养成式校园文化

中瑞实行以职业素养为导向的养成式校园文化,着装和礼仪行为规范以酒店行业为标准,备受师生和业界推崇,独具特色。拥有一项兴趣爱好和体育运动是校园新风尚。中瑞始终坚守全心全意为学生服务的初心,帮助每一个学生身心健康成长,教会学生既做人又做事,培养的学生懂礼貌,守规矩,知感恩,动手能力强,做事用脑走心,敢于担当,兴趣广泛,积极乐观。

3.专业选择方向

中瑞各个专业的学生进入大学要对自己未来的发展方向做一个提前规划,包括国内和国际两个方向,国内方向学生可考取专业相关职业资格从业证书、直接就业、考研和考公务员;国际方向学生可选择海外实习、交换学期/学年、2+2/3+1 双学位等海外留学项目。

4.海外双学位项目

酒店管理专业(国际课程班)设置雅思英语为专业必修课,核心课程双语授课,并配有海外合作院校国际课程、留学指导讲座、校友海外留学经验分享讲座。该班级所有学生均有一次免费海外游学机会,并可自主选择本科双学位中外联合培养项目。贯彻党的二十大精神和《国务院办公厅关于深化产教融合的若干意见》,落实《职业教育法》中关于坚持立德树人、德技并修、产教融合、校企合作、面向市场、促进就业、强化能力、因材施教的要求,共同推进专业建设、课程改革、实训基地建设、专业教材开发,形成教育和产业良性互动、学校和企业优势互补的发展格局。

中瑞目前已与英国、美国、澳大利亚、法国、加拿大、瑞士、日本等16个国家(地区)的40余所海外院校建立了双学位中外联合培养项目,满足学生个性化需求。该项目通过分段式培养、学分互认、课程对接等形式,共享中西方优质教育资源,为同学们丰富阅历、拓宽视野、高质量就业创造条件。

三、中瑞办学成果

中瑞的办学目标是建设一所特色鲜明、亚洲一流、业界认可、师生喜爱的应用型酒店管理大学,使中瑞成为中国乃至世界酒店及服务业高级管理人才的摇篮。根据教育部和北京市教委通知,学院"酒店管理专业"获批国家级一流本科专业,其中"酒店管理专业"也是2021年度北京独立学院中唯一获批的国家级一流本科专业。经过十余年的实践,中瑞校园文化和育人成果得到家长、酒店业和政府部门的认可。

(一)为酒店业和泛服务业培养优秀的人才

从2014年开始,中瑞学院的官网上,每年都会对外发布毕业生就业质量报告。目前,中瑞为社会培养6 000多名毕业生,总体来说50%就职于酒店及泛服务业,35%就职于银行、投资、传媒等企业,12%的毕业生选择出国深造,大多数校友已经走上管理岗位。中瑞毕业生的质量报告中,毕业生的酒店专业素养、文明礼仪、沟通能力、英文运用能力、动手实践能力、团队协作能力、学习能力等都得到了用人单位的充分好评,他们认为中瑞学生知识面广、视野开阔、酒店及旅游知识扎实、动手能力强,符合酒店业人才需求的标准,毕业生成长速度快,职业发展前景可期。

除此之外,在学生志愿者服务方面,中瑞学生为两届"一带一路"国际合作高峰论坛服务;连续6年为中国网球公开赛服务,是"中网"在全国高校中唯一的战略合作伙伴;连续8年学生自主举办亚洲酒店业青年领袖峰会,已经成为高校学生商务活动的一个品牌,从活动策划、会议组织、赞助等每一个环节都由学生亲自操办。高规格赛事的志愿者经历,也对学生服务意识、沟通能力、协调能力、英语口语水平的提高起到提升作用。

(二)国际化"双师型"教师队伍建设

学院共有专任教师近200名,超过60%具有丰富经验的酒店高管工作经历,聘请国内外专家学者顾问团队深度参与教学,为全面实现人才培养目标提供了有力保障。

1. 教师国外进修

酒店管理专业根据洛桑教学模式对教师队伍的要求,聘用行业一流企业中具有丰富管理经验的中高层管理者,把具有丰富实践经验和实操能力的匠人、能人充实到教师队伍,同时通过组织"QLF"培训,选派骨干教师到瑞士洛桑进修学习,组建校内"QLF 大使"团队,打造出一支符合洛桑教学标准的双师型教师队伍。目前,专任教师队伍中具有酒店业行业工作经历的约占 50%,具有国外学习和工作经历的教师超过 40%。

2. 国内企业挂职

中瑞 60% 以上的教师拥有酒店高级管理岗位从业经验,小班授课,充分运用 teamwork 教学法,培养学生的团队精神。为加强"双师型"教师队伍建设,每年学院会派出大批教师回归业界进行挂职锻炼,均是与教学密切的泛服务行业单位。为做好教师挂职锻炼,各教研室根据本教研室承担的教学任务制定详细的整体挂职计划,同时学院专门设计开发了教师挂职信息平台,旨在掌握目前行业先进的理念和标准,收集典型案例,为教学积累丰富、真实案例资源,从而更好地服务教学。企业也为挂职教师配备了挂职导师并量身制订了针对性强的培训计划。教师们通过在各部门的实践操作、观摩学习和沟通交流,对酒店的文化和经营理念、部门和岗位设置、工作流程和标准、日常管理制度、人才培养需求等,有了更加深入和全面的认识,学习了先进的管理经验,积累了丰富的教学素材;通过教师挂职锻炼为学院专业教师走出校园、贴近业界、自我提升、优化教学,深度开展校企合作,打造"双师型"教师提供切实可行的路径和经验。

(三)工学交替,理实一体,服务国家产教融合战略

近年来,通过研发特色的培训课程,中瑞为酒店业、泛服务业及机构提供专业培训和顾问咨询服务。同时学校也积极鼓励师生走出国门,例如为了服务国家"一带一路"倡议,学校派教师前往桑给巴尔、塔吉克斯坦等地开展对外培训。

中瑞自 2008 年招生之日开始,即始终贯彻"知行合一、学以致用"的教育理念,践行工学交替,理实一体。为保证学生的实践学习效果,学校建设了教学酒店和瑞阁餐厅,教师和学生在校内酒店既是师生关系,又是师徒关

系,还是消费者和服务者、经营者关系。校内酒店一方面师生共同经营、正常营业,另一方面也是授课现场,成为从物料采购、食品制作、前厅与客房服务、餐饮服务、酒吧管理、茶艺服务、酒店市场营销、财务管理及人力资源管理等课程的集中授课真实场所,大大促进了专业的应用型本质。

除了校内实训的全仿真性,中瑞已经与国内外超过 200 家企业建立稳定校企合作关系。每次实习学校都与企业商定明确的学习目标和内容,并配有专兼职指导教师,指导学生的实践和学习。通过这两个学期的校外实践学习(每学期 6 个月,每次实习 12 个学分),学生在实践学期进入企业将课堂延展到行业,锻炼了专业的技能,提升了职业的素养,真正做到学以致用。

(四)与行业共建研究中心,办学成果得到社会各界认可

中瑞在注重人才培养的同时,注重酒店及泛服务业研究,力争打造一个媒体品牌——《酒店评论》杂志,和一个论坛品牌——"酒店评论人才发展论坛",目前已举办 6 届酒店评论人才发展论坛,通过线上线下参加的人数已超过上万人次,《酒店评论》每年发布的《中国酒店人力资源现状调查报告》成为酒店行业必读的报告,侧面实现了高校理论科研价值与市场经济价值的融合,科研的实用性提升了,高校科研的社会价值更加突显,对经济社会发展的贡献更加直接。

2021 年,中瑞与教育部中外人文交流中心共建酒店及泛服务业中外人文交流研究院暨人才培养基地,打造集人才培养、学术研究、实习实训、决策咨询、培训服务、人文交流为一体的开放性、国际性产教融合高端平台和人文交流品牌,为中国酒店及泛服务业提供政策咨询、智力支持与资源服务。

(五)输出管理三亚中瑞酒店管理职业学院

由于中瑞办学特色突出,世界 500 强中国交通建设股份有限公司与中瑞合作,投资 14 亿元建设三亚中瑞酒店管理职业学院,瑞士洛桑酒店管理学院提供学术认证,并全权委托中瑞进行运营管理。目前三亚中瑞运行良好,成为海南省高等教育的名片。

三亚中瑞酒店管理职业学院坚持"学习洛桑,融入业界"的办学理念,建有酒店管理、西餐工艺等 17 个校内实操教学点,11 个校内实训室;建成麓湖酒店等 4 个校内外实践教学基地,实施"前店后校"独特的应用型人才培养

模式,构建具有鲜明特色的"教学运营一体化"实践教学体系,并与各类酒店及泛服务行业的企业建立了稳定的校企合作关系,为学生实习就业搭建良好平台。

酒店管理专业在与瑞士洛桑酒店管理学院合作的基础上,开展多层次、宽领域、全方位的教育交流与合作,实现教育资源国际化、人才培养国际化、学生生源国国际化等。对外交流与瑞士、美国、英国、马来西亚、泰国等国家的院校建立合作关系,为学生提供短期访学、交换学期或学年、海外升学的机会。为助推国际教育创新岛建设,学院重点面向"一带一路"国家招收国际学生到校进行学历教育及汉语进修教育,招收来自俄罗斯、乌克兰、哈萨克斯坦等16个国家的汉语进修生超过300人。

酒店管理专业成立以来,坚持立足服务海南自贸港和"三区一中心"建设目标,不断强化央企办学的责任担当,主动服务海南旅游酒店业发展,解决酒店业对高素质人才的需求,按照海南"旺工淡学"旅游人才培养项目的要求,根据旅游业从业人员职业特点,学院依托瑞士洛桑品牌优势与教学资源,积极开展酒店从业人员学历提升和培训工作,创新开展"送教入企"人才培养模式,着力提升酒店业人才学历层次、技能水平和职业素养,树立起行业内的高端应用型人才培养品牌。同时,完成职业技能等级认定第三方评价机构的申请,推动职业技能培训标准化体系建设。

总而言之,15年来,中瑞作为中国应用型酒店本科教育的先行者,不断探索创新,成功走出了一条中国酒店高等职业教育的必由之路,回答了中国高等职业教育的三个核心问题:"为谁培养人,培养什么样的人,怎么培养人"。中瑞将继续努力,为业界培养具有良好的职业道德、职业素养和职业技能的合格人才。

第二节 "前店后院"模式

一、南京旅游职业学院酒店管理专业建设情况

(一)南京旅游职业学院概况

南京旅游职业学院设立于 1978 年,是全国创办最早的一所专门培养旅游与酒店管理人才的高等职业院校,面向全国招收三年制普高学生。

办学 40 多年来,学院秉承"以微笑和知识服务社会"的校训,坚持"精致化、国际化、人文化、专业化"的办学方向,全面落实立德树人根本任务,不断深化产教融合、校企合作,深入推进育人方式、办学模式、管理体制、保障机制改革,累计为全国文旅行业输送 6 万余名高素质人才。

40 多年的历史积淀与办学探索,学校已为全省乃至全国培养和输送了一大批旅游专业人才和经营管理骨干,在全省旅游行业和全国旅游职业教育领域享有较高的声誉,被业内誉为"中国旅游人才的摇篮"和"中国酒店业的黄埔军校"。

(二)南京旅游职业学院酒店管理专业建设情况

1. 酒店管理专业概况

南京旅游职业学院酒店管理专业开设于 1978 年,是全国最早开设的酒店管理专业。该专业为全国职业院校旅游类示范专业、江苏高校品牌建设工程一期项目 A 类立项专业、省级特色专业、省"十二五"重点专业,2009 年、2013 年、2017 年三次获得江苏省高等教育成果奖一等奖,2010 年获教育部高职高专餐旅教指委教育教学成果一等奖。2014 年更是突破性地获得国家级教学成果奖二等奖,成为全省唯一获奖的酒店类专业(全国仅 3 项)。

酒店管理教研室拥有一支学历层次高、实践能力强、梯队合理的教师队伍,建成大师工作室 4 个,"双师"素质教师比例达到 90% 以上。

酒店管理教研室获得江苏省青蓝工程优秀教学团队、文化和旅游部青

年专家、江苏省青蓝工程骨干教师、世界金钥匙酒店联盟培训师、美国饭店协会"注册酒店专业讲师""注册酒店教育导师"、国家级星级饭店评定检查员、省级星级饭店评定检查员、全国酒店技能大赛专家、裁判等多种荣誉称号。

酒店管理教研室教师均具有丰富的酒店行业工作经验,多名教师担任了全国、省级各类重要技能比赛的评委和裁判,选拔和培训出省内多名高职学生获得国家级、省级技能比赛金牌选手,获得金牌数量为全国之最。同时,还指导学生参加世界技能大赛,进入了中国国家集训队。

学院骨干教师不仅在教学科研中成绩突出,还积极担负酒店培训、行业标准制订、酒店访查咨询等任务。近年来,学院教师承担了省部级课题10多项,在核心期刊发表论文50多篇,近20本教材被列为教育部"十一五""十二五"规划教材。

教师团队积极参加社会服务,承担并完成了国家、省、市旅游行政管理部门委托开发的各类酒店管理方面的国家标准、行业标准、省级标准和地方规范等政策性文件,并为国内高星级酒店提供咨询诊断、委托管理、明察暗访等服务,在业内拥有较高话语权。

2. 酒店管理专业人才培养概况

酒店管理专业注重培养学生的创新、实践能力,学生在国家、省级各类技能大赛中斩获多项大奖。2012年至今,多名同学先后夺得全国职业院校技能大赛、全国旅游院校服务技能大赛、江苏省大学生职业规划大赛、江苏省英语演讲大赛冠军、亚军,在全国高职院校中名列前茅。

酒店管理专业积极探索多元化的人才培养路径,通过校企合作办学,集聚优质资源,在校内建有功能齐全的实训基地,拥有前厅、餐饮、客房、酒店智能化等多个实训室;学校自建的"御冠酒店"开业后,学生实训条件得到极大的提升;与洲际酒店集团、苏宁集团共建了"洲际英才班""苏宁班"等订单班,开启了校企协同培养人才的机制。

酒店管理专业打通职业教育与普通教育之间升学衔接的通道,与美国普渡大学、法国瓦岱勒国际酒店与旅游管理学院、新西兰国立中部理工学院等境外知名酒店院校签署学分互认协议,为学生留学深造、晋升学历提供了便捷渠道。每年有逾百名学生赴美国、阿联酋、新加坡、日本等国家以及中国澳门的知名酒店研修,占全年实习生总数的30%以上。

学院始终坚持以服务为宗旨,以就业为导向的办学理念。注重合作办学、合作育人、合作就业、合作发展,与行业企业紧密、深度合作,在国内外建立100多家五星酒店和高端旅游企业实训基地。

二、"前店后院"人才培养模式的实践

(一)"前店后院"人才培养模式实施概况

南京旅游职业学院酒店管理专业建设有设施先进、功能齐全的校内实训基地,包括前厅 Opera 管理信息系统实训室、中西餐服务实训室、智能客房实训室、酒店信息系统实训室、咖啡实训室、清洁保养实训室、调酒实训室,校企合作开发酒店在线营销和酒店运营模拟仿真实训系统等,2010 年被评为中央财政支持的高等职业教育实训基地。2013 年,校内建成国内首家校园酒店博物馆,2018 年全面升级,通过声、光、电、影、物等多种形式展现酒店业的发展轨迹。

2015 年,建成并自主经营国内领先的全真运营精品教学酒店——御冠酒店,为实景教学、学生顶岗实习和师生教研提供了条件。酒店管理专业依托学校自建的四星级标准的御冠酒店,创造出极具职业院校特色的现代学徒制酒店人才培养模式——"前店后院"人才培养模式。

1. 前店

"前店"主要指与专业对接的校方具备有一定管理权限或能够施加足够影响力的社会法人实体以及在此基础上形成的战略合作联盟。

南京旅游职业学院自建的南京御冠酒店,按照四星级标准建设、兼具精品酒店和豪华商务酒店风格的南京御冠酒店是南京旅游职业学院的校办经营性企业,是培养现代酒店业专业人才的实训基地。酒店地处江宁大学城核心区域。酒店拥有豪华客房、特色餐饮、专业商务、高端会议等配套服务设施。酒店于 2015 年开业,既是对外营业的高星级商务酒店,又是行业培训基地,还是该校教学实训的实践场所,即所谓的"前店"。

2. 后院

"后院"主要是指校内教学资源。"前店"的开业与运营为专业人才培养创新的具体实施提供了可靠的保障。改革的另一关键载体"后院"——南京旅游职业学院酒店管理专业,在专业建设中包含基于现代学徒制的专业人才培养方案改革、项目课程改革、实践教学体系改革以及师资队伍建设的内容,同时还包括如何将"前店"与"后院"更好地结合起来,共同推进现代学徒制的实施,以深化该专业的教育教学改革内容。这些建设的推进也为教改研究提供了充足的人力、物力、资金和政策保障与支持。

"后院"充分利用"前店"优质资源,由校内、外专兼职进行联合授课,理论课时以专职教师为主,实践课时多由酒店兼职主讲教师参与其中进行联合授课,保证教学与行业实际的一致性,同时为学生带来行业前沿的、最新的服务管理理念,大大提高学生学习的积极性。

"前店后院"人才培养模式通过产教融合的深入推进,可以真正实现双元双主体的办学机制的转化与升级,从而促进整个职业教育能够更大地发挥出其应有的经济价值与社会作用。

(二)"前店后院"人才培养深度融合的实践

南京旅游除了拥有强大的校外国际、国内酒店集团作为实践基地以外,成功打造了学校自建的高端四星级商务酒店作为"前店"。与社会一般企业不同的是,学校对"前店"具备管理权限或有足够影响力,在建设初期制定其目标和职能时,必然把人才培养作为其中的重要内容,故它是因教学需要而存在的,其对经济利益的追求位于服务教学之后,因此,"前店"的创立十分有助于推动"后院"现代学徒制的实现。

南京旅游职业学院围绕文旅专业人才培养,对接教学酒店运营功能和岗位,具体开展针对学生、教师和酒店的各类实践项目。根据实践教学标准,实施实践项目考核制度。依托御冠教学酒店,发挥学校和酒店双元育人主体作用,搭建"前店后院、理实结合和工学交替"相互融通的三个环节体系。

为了提升学生的综合素养、专业实践能力和教师的专业发展、实践综合能力,可从以下几点实现:

1. 一日识岗

"一日认知"通过专业老师带队，让学生了解产业形式、学习行业规范、增强职业认同、坚定职业发展的信念。参观交流活动紧紧贴合酒店管理、酒店礼仪、一线岗位认知、二线岗位情况等专业的学生需求，认识酒店主要工作岗位、熟悉酒店功能布局、感受酒店工作礼仪、了解酒店基本信息以及现状等。通过参观和管理层的讲解，认识酒店主要工作岗位、熟悉酒店功能布局、感受酒店工作礼仪、了解酒店基本信息以及现状等。"一日识岗"活动让酒店管理专业学生身临其境感受酒店的工作环境，了解酒店的产品构成，学习了行业规范，增强了责任认同感。在满足学生对于专业认知渴望的同时，也让学生较为系统地了解未来不同岗位的技能需求，为今后的专业学习指明了方向，坚定了学生未来职业发展的目标和信念。

考核要求包括过程考核和结果考核。过程考核主要考查学生全天的出勤以及遵守纪律等情况，结果考核要求每位学生提交一篇书面的学习体会。

2. 一月跟岗

在校企双导师的指导下，通过在酒店跟岗一个月，深入了解酒店，将所学知识和技能应用于工作实践，让学生掌握一手的行业前沿信息，并提高其沟通交流能力。跟岗活动安排在大二，时间为一个月，面向酒店管理专业所有班级，学生在一线运转部门中选取两个部门跟岗，由酒店和校方共派指导教师，进行跟岗实习期间的业务指导和实习管理，记为1个学分。考核包括：①过程性考核，根据跟岗期间的出勤情况和工作表现进行评价；②结果性考核，由校内教师和酒店部门管理人员对学生进行工作技能考核。

3. 一年顶岗

通过在御冠酒店一年的顶岗实践，熟练掌握酒店的工作技能，了解酒店部门的运营知识，安排在大三实施。遵照《南京旅游职业学院实习管理办法》实施，鼓励御冠酒店面向大二学生进行宣讲，由酒店管理学院向教学酒店推荐优秀学生，酒店与学生进行双选，完成一年的顶岗实习环节。对于在教学酒店实习的学生，御冠酒店还提供学历提升的机会，为学生今后的职业发展提供更大的空间。通过到"前店"现场教学，让学生切实感受到现实前厅部的运作环境，将所学与所见进行对比，加深对该课程进一步的理解。

4. 教师培养

按照酒店管理学院"接班人"培养计划,积极推进全体教师开展酒店挂职工作,每学期(年)派 1~2 名教师赴御冠酒店进行挂职,担任部门助理或副经理职位。挂职教师职责包括:①提交挂职申请,拟订挂职计划;②以挂职为主,并完成学校规定的教学工作;③担任学校"一日识岗""一月跟岗""一年顶岗"项目的指导教师;④挂职教师日常考勤由酒店负责,并由酒店发放相关津贴;⑤依托御冠酒店开展"企业教师工作站"项目,由御冠酒店委托本院教师每学年完成 1~2 项横向课题。

三、"前店后院"人才培养深度融合的保障

(一)师资保障

为保障"前店后院"人才培养模式中"后院"教师课堂教授中做好学生对接"前店"的生产服务现场的准备,"后院"教师应在课余时间更多地到"前店"进行挂职或培训,参与"前店"的日常管理。而"前店"基层以上管理人员要有能力走进"后院"课堂中进行授课,不论是"前店"还是"后店"的教师两者要共同提高自身的专业实践能力和管理能力。一定程度上要求"前店"管理人员与"后院"教师要一起开展教学研讨,制定专业人才培养方案、探讨课程体系设置、设计专业课程内容,共同研究与实施酒店管理专业"前店后院"人才培养模式。通过双方师资的努力,促使学校及企业平台完善"后院"职业教育教师的教育机制、准入机制以及发展和评价体系,采取有效措施,保障"前店"管理人员与"后院"教师之间的互兼互聘,打造"前店后院"校企合作的混编教学团队。

(二)教学保障

"前店后院"人才培养模式在课程体系方面,以企业岗位能力需求为出发点,以职业实践能力培养为核心,以项目课程为主体,构建模块化专业课程体系。

1. 在教学内容方面

以企业岗位工作实际为基础,与企业共同开发课程标准、共建课程教

材,并在学生掌握多元技能的基础上,促进其专业技能的融合度和专业化。课程内容上,能够将酒店行业实践发展新经验、社会需求新变化纳入课程教学,体现课程内容的前沿性;充分体现酒店行业相关的真实应用环境、应用经验、应用要求、实施规范和流程,以及经济性、安全性、环保性等真实工作要素,体现课程内容的应用性。

2. 在教学方式方面

充分发挥"前店"的教学功能,坚持理实结合,"后院"要对接"前店"的生产服务现场,将课堂搬至酒店,大力开展生产性实习实训,推行"做中学、学中做",由企业教师和学校教师进行联合授课,推进学生实训与企业生产紧密结合,探索工学结合机制,不断提升教学内容和生产实际的融合度。通过产教深度融合,鼓励将真实项目案例转化为具有教育教学功能的"学习型项目",能够支撑课程目标有效达成。

3. 在教学评价方面

构建"三位一体"的课程教学评价体系,由学生、"前店"教师、"后院"教师共同评定课程成绩,进行教学质量分析以及教学反馈。校企双方共同确立人才培养方案、课程标准、人才评价体系,全方位建立创新型的标准化人才培养模式。

四、"前店后院"产教融合可供借鉴的经验

产教融合、校企合作是职业教育办学的基本模式,也是办好职业教育的关键所在。长期以来,产教融而不合、校企合作不深是个痛点。2022年5月,新修订的《中华人民共和国职业教育法》正式实施,其中,以"产教融合"一词取代了"产教结合",鼓励行业、企业深度参与办学,促进教育链、人才链、产业链有机衔接。

南京职业旅游学院酒店管理专业"前店后院"人才培养模式的成功经验,可以作为典型范例在适宜环境的各大应用型高校、职业院校中进行推行。该模式在推行中要注意两个关键:①"前店"。作为"前店后院"人才培养模式实施的关键载体,依托合作企业的"前店"运营时要为专业人才培养创新的具体实施提供可靠保障。②"后院"。以南京旅游职业学院为例,即

酒店管理专业,在专业建设内容中包含基于现代学徒制的专业人才培养方案改革、项目课程改革、实践教学体系改革以及师资队伍建设的内容。同时还包括如何将"前店"与"后院"更好地结合起来,共同推进现代学徒制的实施,以深化该专业的教育教学改革内容。这些建设的推进也为教改研究提供了充足的人力、物力、资金和政策保障与支持。这都是各高校在借鉴经验时要重点考虑的。

(一)解决就业问题

南京旅游职业学院酒店管理专业不断深化教育教学改革,加强内涵建设、加强校企合作及多种工学结合人才培养模式。培养了一大批思想品德好、职业素质高、学习与实践能力强,具有一定创新、创业精神,适应社会、经济发展需要的有修养、懂管理、尚沟通、能发展的高素质技能人才,得到社会、企业和行业的高度认可。

近年来,南京旅游职业学院酒店管理学院与多个酒店建立合作关系,根据人才培养模式要求,共同培养素质高、能力强、对行业有认同感的实践型酒店人才。而且,学院部分毕业生还将直接获得进入对应企业工作的机会。

多年来,南京旅游职业学院酒店管理专业学生就业率始终保持在98%以上,境外研修率高达20%。酒店管理专业为全国高星级旅游饭店输送了大批精英人才,涌现出乐玉成(中国驻印度大使)、蔡利平(美国普渡大学旅游与饭店研究中心主任)、汤文俭(金陵饭店集团董事长)、文志平(香格里拉酒店集团华东区副总裁)等杰出校友,大大提升了学院在业界的影响力。

(二)深化产教融合

近年来,为增强职业教育的适应性,南京旅游职业学院着眼于行业发展趋势,不断调整专业布局,探索构建特色鲜明的职业教育模式,努力在促进行业发展的同时,为学生搭建实现人生价值的广阔平台。

(1)南京旅游职业学院开启了将产教融合作为促进经济社会协调发展的重要举措,融入学校专业建设各个环节,贯穿人才开发全过程,形成政府、企业、学校、行业、社会协同推进的工作格局。

(2)校企协同,合作育人。充分调动企业参与产教融合的积极性和主动性,强化政策引导,鼓励先行先试,促进供需对接和流程再造,构建校企合作长效机制。

（3）深化产教融合的主要目标，逐步提高行业企业参与办学程度，健全多元化办学体制，全面推行校企协同育人，教育和产业统筹融合、良性互动的发展格局总体形成，需求导向的人才培养模式健全完善，人才教育供给与产业需求重大结构性矛盾基本解决，职业教育对经济发展和产业升级的贡献显著增强。

（4）深化产教融合教学理念。校企双方共同研讨学校人才培养方案、企业员工培训计划，合作开发酒店企业生产实际教学案例，合作开发旅行社产品设计、夜上海餐饮管理等课程，将行业知识与企业文化慢慢浸入南京旅游职业学院学生的学习生活。

（5）将工匠精神培育融入基础教育。将动手实践内容纳入高职院校相关课程和学生综合素质评价。加强学校为社会服务教育，开展生产实践体验，让学生在实践中获得情感体验，增强社会责任感。

（三）优化课程

在产教融合背景下，职业学校和旅游企业积极合作，制定符合行业需求的课程体系，培养专业人才。应以课程优化为切入点，科学设置课程教学目标，凸显产教融合理念，结合学生实践需求，探索学生专业能力、从业岗位职业素养与实践课程之间的关联性，以此来促进学生岗位适应能力和胜任力的提升，让学生在课中学。

南京旅游职业学院酒店管理系"前店后院"模式，以酒店职业岗位能力标准划分学习领域，探索将职业实践贯穿于整个教学过程的课程改革思路，开发以项目课程为主体的模块化专业课程体系，根据不同岗位群的能力要求特点，采用多元化的课程设计路径进行项目课程设计。同时，精心设计教学活动，不同项目、不同性质的工作任务采用不同的活动形式和教学方式，并建立多元化的评价体系，强调工作过程和工作结果评价相结合，教师、团队、个人三方评价相结合，校内评价与校外评价相结合。

"前店后院"人才培养模式中的重要一环就是优化课程，这项工作前期需要进行大量的研究，学校教师要在原来专业课程的基础上进行改革，课程再造；企业要将工作经验转化为基于工作任务的显性知识。校企合作将学校的课程、校企课程、企业课程的相关专业知识做到无缝对接。这可能是模式的难点，但这也是模式能否取得成功极为关键的因素。

"后院"教学中根据工作任务调整专业课，现代职业教育课程应该从岗位或岗位群的能力需求出发，反向推出需要的课程。文化课、专业课要根据岗位能力重新构建，为岗位能力服务，进而在岗位能力体系的基础上，建立职业教育的课程体系。按照这样的体系展开教学，教学内容才能与"前店"要求一致。

（四）以赛促教、以赛促学、学赛结合

南京旅游职业学院坚持以赛促教、以赛促学、学赛结合，自 2012 年以来，共荣获 36 个国家级职业院校技能大赛一等奖，奖项涵盖中餐主题宴会设计、西式宴会服务、普通话导游服务、宴席设计与制作、中餐面点等项目，获奖数量居全国同类院校前列。

1. 举办专业赛事，扩大专业影响力

近年来，南京旅游职业学院积极探索紧密的校企合作路径。为贯彻国家职业教育改革和本科教育教学改革，推动职业教育旅游类专业数字化升级和本科教育新文科建设，对接酒店业数字化转型对高素质数字化运营人才的需求，南京旅游职业学院于职业教育活动周期间联合江苏省文化旅游职业教育行业指导委员会主办了全国首届"问途杯"酒店数字营销技能大赛，和各院校共同对专业人才培养进行探讨，拥抱酒店业的数字化转型发展，共同培养酒店数字化运营人才，吸引了来自全国 25 个省（市）105 所院校共计 259 支队伍报名参赛。

2. 深化教育改革创新，打造"行走中"的课堂

南京旅游职业学院每年会在校园内举办"成才杯"学生职业技能大赛交流展示会，从专业技能、办学成果、校园文化等方面，展示了该校在人才培养机制上的创新做法，以及运用先进行业技术，打造专业技能人才，推动职业教育改革的创新做法。

革故鼎新，方能聚力前行。该校酒店管理学院注重新技术运用以及数字化运营能力，共设计了满足 4 个不同专业学生要求的共计 11 个赛项。在"喜出望外的服务——前厅接待情景设计"项目中，一组同学模拟接待了游客深度游南京的难忘之旅；在"跟着金钥匙游南京——旅游文化推介"项目中，一组同学为一对返宁度假的抗疫英雄夫妇推荐了南京的美食、美景和文化，展现了南京之美，用温暖的服务回报抗疫英雄的辛苦付出；在"指点江山——点菜设计"项目中，该院对接中国饭店协会"1+X"职业技能等级证书标准，同学们通过精准的数据分析和菜单设计，为客人提供贴心的就餐体验。

（五）打造"双师型"高素质教师队伍

1. 加强校内产教融合师资队伍建设

开展"前店后院"人才培养模式创新的实践，在师资队伍建设方面，专业课教师几乎要具备"双师型"素质。要求专业课教师不仅具备从教的专业素质、知识和技能，还要能够掌握与专业对接的行业、岗位的从业知识和技能。

依托"企业教师工作站"和"一师一企"对接机制，委派学校专业带头人和骨干教师赴企业挂职锻炼，推动职业学校与大中型企业合作建设"双师型"教师培养培训基地。学院中，专任教师均具备扎实的理论功底、较强的课程教学改革能力、科研能力以及行业实践能力。团队中建有一支江苏省青蓝工程优秀教学团队，100%具有高校教师资格，100%教师具有酒店企业经营管理或实践经历；专业具有骨干教师8名，省青蓝骨干教师6名，国家旅游业青年专家1名，文化和旅游部万名旅游英才"双师型"教师11名；30名教师通过了美国饭店业协会注册酒店专业教师认证（CHI）、注册酒店教育导师（CHE）和英国伦敦城市行业协会国际注册培训师认证。

2. 强化校外兼职教师队伍建设

"双师"型师资队伍主要由两部分人组成，一部分是先做教师，后到企业兼职或挂职锻炼后，再回到学校；还有一部分是先在企业任职，后招聘进入教师队伍。无论是哪一种，企业从业经历都是"过去时"，而有了"三位一体"的工学结合载体，教者和教学对象就可以同时拥有两种身份。教师在承担教学工作的同时，亲身参与企业经营、管理和服务，这对于把握行业的最新动态，提高自身实践教学水平，在理论教学中增添新鲜案例，从而提高教学效果，起到重要作用。

坚持职业教育校企合作、工学结合的办学制度，推进职业学校和企业联盟,与行业联合,大力发展校企合作制。聘请行业企业产业教授、能工巧匠、运营骨干、双创人才等讲授专业课程,举办讲座,开展技能示范课。专业聘请了20余名具备丰富的住宿、餐饮等旅游企业服务与管理经验的专业技术能手担任兼职教师,他们均具有较强的培训能力与理论基础,能够较好地承担本专业课程与实训教学、实习指导等专业教学任务。

第六章　产教融合背景下酒店管理专业应用型人才培养模式构建

第一节　酒店管理专业产教融合人才培养模式构建依据和构成要素

一、酒店管理专业产教融合人才培养模式构建依据

人才培养模式，是指在一定的教育思想和理念指导下，以人才培养活动为本体，为实现培养目标所设计形成的某种标准构造样式和运行方式。

（一）坚持产教融合，科学定位人才培养目标

人才培养目标制定与人才培养模式改革的出发点和落脚点是产教融合，人才培养目标内在要素优化和建设的终极目标是满足行业、企业工作岗位需求。首先科学定位人才目标，进行专业调研。依据调研结果，确定行业对人才的需求情况，从而规划专业人才的科学培养目标。在培养方案制定完成后需要有动态跟踪，以此及时调整并解决人才培养周期与行业、企业即时需求的矛盾。同时要坚持人才培养目标的导向作用，在改革实践坚持学生主体、能力本位，把学生成长作为教育教学改革的最高目标。

（二）坚持理实合一，积极推进产教融合

"实践决定认识，认识反作用于实践"是一个双向的过程。教育心理学理论认为，学习者的知识和信仰广泛地存在于对工作和生活多方面的解释

中,其中最有效率的学习是在一定社会实践环境中,学习者为自身生存和发展进行的积极主动的学习,这种基于工作和生活实践的体验对学习者的刺激最强烈,能够充分激发学习者的能动性,使学习带有明确的目标和针对性,进而扎实牢固地掌握知识和技能。

应用型酒店管理专业的生命力在于实践和应用。经济社会发展需求是职业教育改革的主要动力。深化现代职业教育体系建设改革,重点在于坚持以教促产、以产助教、产教融合、产学合作。酒店管理专业要坚持依托国内外星级酒店品牌和特色民宿品牌,以厚基础、强能力、高素质的人才培育思路,创新建立"技能+管理"双向驱动和"工学交替"的人才培养模式,注重学生职业能力和个性化素质的养成,使学生掌握酒店服务规范和技能,具备管理能力,懂精准服务,能数字化运营,善于智慧化管理,能够胜任酒店管理工作的高素质技能型人才和经营管理人才。

(三)遵从产教融合规律,构建人才培养机制

1. 产教相互依存

酒店管理专业因为酒店行业的大发展而兴起,也是因为酒店行业的快速发展,引发大量的人才需求而存在。所以酒店行业的发展为酒店管理专业提供了发展的平台和空间。相反,酒店行业的发展也需要酒店管理专业提供人才支持和技术服务,推进其产业不断转型升级,提升竞争力。酒店管理专业因产教融合而变得丰富多彩,富有创造力,行业也因产教融合而变得生机勃勃,富有活力。

2. 产教共生互融

产教是密不可分的。当前人才的竞争是酒店行业发展的核心竞争力。没有职业教育培养和高素质人才,酒店行业发展就会缺少活力和智慧。酒店管理专业职业教育就是把学生就业作为导向,深化内涵建设作为途径,以实现服务经济社会发展为方针的。没有以产业的人才需求标准来培养酒店管理人才,职业教育就会失去导向,学生就无法实现就业与成才的梦想,专业教育也就缺少发展的活力和生存的能力。由此可见,产教是相互融合、相得益彰、共同繁荣的。

3. 产教相互共进

一方面,酒店管理专业职业教育对酒店行业发展具有促进作用。职业教育通过培养技术技能型人才和校企合作,为产业发展提供人才支撑、技术培训以及技术研发,能有效地促进酒店企业的竞争力和生产力,创造产业品牌。另一方面,酒店行业发展对酒店专业职业教育具有推动作用。产业的发展,就需要大量的技术技能型人才和高素质的员工,这为职业教育发展赢得了广阔的生存与发展空间。所以,产教是相辅相成、互动共进的,产教融合发展使产教双方都能实现经济与社会利益的双赢。

二、酒店管理专业产教融合人才培养模式构成要素

培养模式的构成是一个颇有争议的问题,焦点是培养模式与培养目标的关系问题,目前存在着"事实构成"和"逻辑构成"两种观点,本书采取前者观点,人才培养模式的构成要素一般应包括以下四个方面:培养目标、培养过程、培养制度、培养评价。

(一)产教融合培养目标

培养目标指各类学校、各专业的具体培养要求,一般包括人才根本特征、培养方向、培养规格、业务培养要求等内容。

产教融合背景下,酒店管理专业人才培养目标要按照"以就业为导向,以服务为宗旨"的职业教育目标,在专业指导委员会的指导下,在进行充分的市场、酒店行业、企业以及毕业生调研基础上,根据行业和区域经济特色确定出专业方向,并由专业教师与酒店行业企业专家一起分析得出职业岗位群相对应的技术能力、关键核心能力以及从业者基本素养,根据生产过程确定培养方案。

(二)产教融合培养过程

培养过程是指为实现培养目标根据人才培养制度的规定,运用教材、实验实践设施等中介手段,相互配合,以一定方式从事教学活动的过程,因而培养过程是人才培养模式的本质属性,培养过程主要包括课程体系(理论和实践课程)、培养途径和培养方案等。

1. 课程体系

课程体系就是教学内容按一定的程序组织起来的教学内容及其进程的总和，是人才培养活动的载体衡量。课程体系构造形态的指标主要有课程体系的总量、课程类型、课程体系的综合化程度、结构的平衡性、设置的机动性等五个方面。

产教融合背景下，应用型酒店管理专业课程体系要紧跟时代，做好课程教学改革。改革有两大核心问题：一是做减法，要与市场需求对接，梳理该专业最重要、最核心的课程，分清课程的主次，筛选出必需性课程；二是将课程做精做细，降低课上形式任务量，同时加大课下学生实质任务量，为学生提供最高效最优质的课程。

酒店管理专业教研室要通过开展岗位需求调研，提取岗位职责和岗位任务，设计出项目化教学体系。为了实现应用型人才培养目标，将项目化教学更好落地，关键是做好专业基础课改革。

（1）重组教学内容，要从支撑项目化教学的需要入手，全面梳理专业基础课所需要用到的知识、技能和素养，通过删减、新增、合并等，重新组装教学内容，形成新的课程内容。

（2）依据项目化教学的要求，可采用市场评价、标准化考试、技能测试等方式，制定专业基础课的客观性评价标准，确保评价结果不因学生、教师、场地等不同而改变。

（3）确定学生学习时长，明确学生通过课程考核所需要达到的课上课下总学习时长。

（4）设置学时学分，根据学生学习时长，结合线上线下学习时长比例，确定该课程学时学分。

2. 培养途径

培养途径是指人才培养活动所借助的一定的载体，通常包括基本途径和综合途径、教学途径和非教学途径等。基本途径就是普遍认同和采纳的课程、教学科学研究和社会实践。综合途径就是"产学研结合"的一体化培养途径。非教学途径是相对正常教学活动而言的，主要包括一切被称为"隐性课程"的教育环境及教育活动，比如校园文化活动、大学生社会实践、课余活动等。

（1）创新教学思路与方法。推行"行动导向、任务驱动、项目引领"的教学一体化教学模式，充分利用现代化教学方式和方法，倡导启发式、探究式、讨论式、参与式等教学方法，积极开展项目教学、案例教学、实践教学、模拟教学等各种教学方式，培养学生的动手能力和自主学习能力。

（2）建立产教融合的实训基地。强化教学过程的实践性、开放性和职业性，鼓励学校提供场地和管理，企业提供设备、技术和师资，校企联合开展实训，为学生提供真实的岗位训练，营造职场氛围和企业文化。鼓励将课堂建到酒店企业生产一线，在实践教学方案设计、实施指导、老师配备、协同管理等方面，校企密切合作，进而提升教学效果。

（3）建设"双师素质"师资队伍。师资是产教融合人才培养的实施者，担负着酒店管理学生职业技能、职业素质与职业应用能力培养的三项职责。因此，组建一支专兼结合的"双师"结构教学团队，是提高办学效益和人才培养质量的重要保证。

3.产教融合培养方案

人才培养由培养对象、学制、修业年限、职业面向、培养目标和规格、课程体系构建、专业核心课程、教学计划、保障措施、毕业要求等部分组成。强调了对培养学生的分析、职业群分析、课程体系的能力特点以及专业课程的实施与考核，使人才培养模式中的诸要素更加协调，人才培养质量与人才培养目标更加符合需要，让人才培养过程成为主动适应社会需要的过程。建立并完善由酒店行业、用人单位参与的校（院）董（理）事会，积极邀请地方政府、酒店行业、企业参与校（院）治理、专业建设、课程设置，全过程参加应用型人才培养。

（三）产教融合培养制度

培养制度是指有关人才培养的重要规定、程序及其实施体系，是人才培养得以按规定实施的重要保障与基本前提，也是培养模式中最为活跃的一项内容，培养制度包括基本制度、组合制度和日常教学管理制度三大类。

酒店管理专业所在的二级学院要建立专门的校企合作工作委员会，完善领导机构，形成科学管理的流程。在校企合作工作委员会的指导下，酒店管理系具体落实相关工作安排,合理开发人才培养方案,共同实施专业课程教学,共同评价教学质量。同时,要建立健全校企合作章程等相关的管理规范、相应的政策制度,通过校企合作二级管理体制,可以有效增进学校和企业之间的沟通协调,加强学校和企业之间项目的深入开展,实现合作育人、合作发展。

为规范产教融合人才培养工作,提高人才培养实效,应用型酒店管理专业应完善教学(实训)管理制度和科研管理制度,对人才培养的组织、实施、评价做出规定,明确科研、教研的重点是人才培养和应用技术开发,保证产教融合工作的开展。

(四)产教融合培养评价

培养评价是指依据一定的标准对培养过程及所培养人才的质量与效益做出客观衡量和科学判断的一种方式。培养评价是人才培养过程中的重要环节,对培养目标、制度、过程进行监控并及时进行反馈与调节。人才培养的评价可根据实际需要,定位人才培养目标,修订专业方向及教学计划,组合新的课程体系,探索更适合教学要求的组织形式,使之朝着既定的目标前进,最终实现培养目标。考试制度和淘汰制度是两种常见的评价方式。

1. 评价原则坚持定性与定量相结合的原则

(1)在充分研究调查基础上,采取定性和定量评价的方法,提高评价结果的可信度。

(2)坚持客观公正、实事求是的原则。科学制定评价指标体系,客观公正地反映教学现状,对教师教学质量进行客观评价。

(3)坚持全面综合评价的原则。在评价中应注意兼顾德、能、勤、记几个方面,以提高评价的全面性;在评价中,必须考虑不同的评价者,从不同角度、不同层次进行综合评价

2. 产教融合评价指标体系

产教融合评价是高等学校确保人才培养质量和监控教师教学质量的重要手段。高校将教学质量评价作为教学活动进行宏观调控、促进教学管理科学化、保证和提高教学质量、培养高素质合格人才的重要措施。在高等教育大众化时期,树立多元化教学质量观,从学生、同行专家等不同角度分类

评价高校教师教学质量,对教师教学行为改进和教学质量提升具有重要意义。

(1)健全宏观管理体制。强调完善教育标准体系,研究制定酒店管理专业人才培养质量标准,完善专业办学条件标准。要建立健全教育评价制度,建立地方高校教育质量监测评估制度,建立标准健全、目标分层、多级评价、多元参与教育质量监督监控体系,健全第三方评价机制,增强评价的专业性、独立性和客观性。要完善地方高校教育监督体制,促进教育督导机构独立行使职能,落实督导评估、检查验收、质量监测的法定职责,完善督学管理制度,提高督学履职水平,强化督导结果运用。

(2)加强教学督导工作。认真履行监督、检查、评价、反馈与指导五项基本职能,将督导工作的重心始终放在教学质量的监控与保障上。同时拓宽督导工作思路与途径,丰富和深化督导工作内涵,提高督导工作的覆盖面,形成"常规督导常态化、专题研究校本化、专项评估重点化、跟踪指导经常化"的工作特色。

(3)加强实践教学质量监控。实践教学质量是应用型高校酒店管理专业人才培养质量的重要保障。实践教学的质量保障包括实践教学环节的质量标准、实践教学内容的质量评价、实践教学实施的过程监控、实践教学效果的评价等内容。特别要探索适用于校企合作教学的质量标准、评价体系,要明确基于校企合作实习教学的目标设计、教学组织、实施条件、质量标准与评价指标。

(4)完善多元评价机制。地方高校要研制出适合地方高校产教融合评价指标体系,出台专门的高校产教融合评价方案。产教融合评价体系以及评价工作,仍然局限在高等教育系统内部,行业与企业参与产教融合评价力量不足,要增加社会评价、校企共同评价环节,确保评价主体的多元化。要建立由校企人员组成的双元二级评价组织体系,制定由教师、学生、教学条件和专业、课程、主要教学环节构成的指标体系,构建由校内评价、校企共同评价、社会评价、第三方评价共同构成的"多元互补",教学质量共同评价与持续改进机制。

第二节　基于 OBE 理念的"循行导教、产教融合" 人才培养模式

近几年来,很多应用型高校为了进一步促进课堂教学科学化、规范化和有效化,提升教师教学水平,打造新时代金课,开始引进以成果为目标导向、以学生为本,采用逆向思维方式进行的课程体系建设理念——OBE 理念。笔者所在的武汉商学院,作为 2014 年开始在本科层次招生的新进地方本科高校,也开始广泛采用这一理念。该校酒店管理专业作为国家一流本科专业,打造了基于 OBE 理念的"循行导教、产教融合"人才培养模式,受到业界好评,起到一定程度的示范作用。

一、武汉商学院酒店管理专业建设概况

(一)武汉商学院概况

武汉商学院位于湖北省武汉市,是 2013 年经教育部批准在武汉商业服务学院基础上建立的普通本科院校,是湖北省第一批转型发展试点院校。

学校聚焦应用型人才培养,设有 12 个教学学院,开设有 35 个本科专业,覆盖管理学、经济学、工学、教育学、文学、艺术学、理学、农学等学科门类。学校有全日制在校生 12 421 人,其中,本科生 11 048 人,专科生 1 373 人。

武汉商学院作为湖北省第一批转型发展试点院校,始终坚持主动适应经济社会发展特别是服务业发展的需要来进行办学,学校积极探索应用型本科管理体制和运行机制,开展试点学院改革,使教学院系真正成为学校转型发展的主体。截至 2022 年,武汉商学院酒店管理、烹饪与营养及休闲体院 3 个专业获批国家一流本科专业,省级一流本科专业建设点升至 7 个。

(二)武汉商学院服务地方经济及产教融合情况

作为新建应用型本科高校,学校坚持面向服务业开展专业建设,积极推进人才培养模式创新和教学模式改革,按照"行业企业全程参与学校教育,

学校教育全方位服务行业企业"的思路,探索校企合作、工学结合、订单培养、服务社会的长效机制,截至 2022 年,学校先后与武汉经济技术开发区、蔡甸区、神农架林区、仙桃市等地签订校地战略合作协议,与武汉市科技局、商务局、旅游局、体育局建立全面战略合作关系,与近 200 家企业签订校企合作协议,共建实习实训基地。

另外学校也积极探索特色班、订单班等深度校企合作,例如 2017 年,武汉商学院与汉口银行签订校企合作协议,2019 年 1 月正式开设首届汉口银行特色班。学校下属二级学院经济学院与汉口银行签订的人才培养协议书中,校企双方互相支持、互相渗透,深化课程体系、教学内容、教学方法改革,积极联合双方师资共同发掘并建设最新的教学资源。开设汉口银行特色班后,学院对金融行业人才需求有了更充足的调研,依托行业需求,以企业需求为主导,以校企双师共同培养为主线,打造基于学生个性化发展的协同育人创新模式,目前还开办了"武汉农商行特色班""CFA 班"等知名企业定向班。

除此之外,学校利用武汉经济技术开发区"车谷"优势,扶持了具有区域优势的机电工程学院。学院遵循卓越工程师的人才培养模式,深入开展校企合作,致力于产学研用相结合。例如,学校从 2011 年开始,多年来一直与一街之隔的东风乘用车公司合作,企业在校方建立华中地区的唯一培训中心,主要培训"东风风神"销售和技术人员。与此同时,双方还共同开设了"东风风神订单班",该校的一批毕业生到"东风风神"工作。企业提供的汽车及其设备,也满足了学校的实训所需。

除了积极开展校企合作、资源互通共享的特色班和订单班,根据该校的"十四五"规划也将筹建设现代产业学院纳入学校 2022 年工作要点,实施校政企共同参与的产业化平台共搭、专业共建、人才共育、师资共培、资源共享的协同育人机制;做到产学研合作日益深入,政、行、企、校合作领域不断拓展,培养服务区域经济创新实用人才。

(三)武汉商学院酒店管理专业概况

武汉商学院酒店管理系拥有 30 多年酒店管理高等教育办学经验,一直紧贴行业,致力于服务地方经济发展。平均每年招收 2~3 个专科班,2 个本科班,以及 2～3 个专升本班,成为湖北省地方高等学校酒店管理专业招生人数最多,办学历史最悠久的专业。

酒店管理系拥有一支高素质、"双师型"教师队伍,师资结构合理,教学、科研及社会服务能力突出。获评省级优秀教学团队和省级优秀基层教学组织,建有湖北名师工作室和市级科技创新平台,设有武汉旅游研究院、会展经济研究中心、研学旅行策划研究中心等科研机构。

酒店管理教研室有教职人员近 20 人,硕士比例 100%,高级职称及博士比例超过 60%。教师中有教育部旅游管理类专业教指委委员、享受国务院、省市政府津贴专家、武汉市有突出贡献中青年专家、武汉"十百千人才工程"专家、武汉市学科带头人、武汉市优秀青年教师、省市劳动模范及"五一劳动奖章"获得者、湖北省师德先进教师和武汉市十佳师德标兵等。近 5 年承担省厅及以上级别课题 30 余项,出版专著和教材 20 余部,完成 20 多项横向项目,制定了 10 余项行业标准,获得市级以上教科研成果奖 10 余项,其中省级教学成果奖 2 项。

学院建有全国一流的实验实训基地,拥有中央财政支持的国家级实训基地 1 个,省级实习实训基地 1 个,已建成旅游规划实验室、酒店信息实验室、会展实验室等专业实验实训室 12 个,已与国内外知名酒店集团、旅游集团、旅游景区和航空公司等企业建立校外实习就业基地 40 多个。

酒店专业建设始终走在全省同类专业的前列,2019 年获批国家一流本科专业。该专业拥有湖北省普通本科高校专业综合改革试点项目、湖北省普通高等学校战略性新兴(支柱)产业人才培养计划项目、湖北省普通本科高校"荆楚卓越人才"协同育人计划项目、省级一流本科课程、省级精品课程、省级精品资源共享课、省级实习实训基地等省级以上教学质量工程项目 10 余项。

酒店管理专业十分注重学生综合素质和应用能力的培养,培养的学生品德优良、专业娴熟、特长突出,学生多次获得全国、省市各类学科专业竞赛一等奖,为奥运会、世界军人运动会、世博会、女足世界杯、亚运会等重大活动提供服务。近 3 年来,学生平均就业率为 96% 以上,毕业生就业前景广阔,深受社会欢迎。

2019 年武汉商学院酒店管理本科专业获批国家一流本科专业,也是该校第一个获得国家一流本科专业的先锋专业,其历史沿革、名师带头、特色优势具体情况如下。

1. 历史沿革

酒店管理专业开办已有 33 年历史,经历了中职、高职到应用型本科三个阶段,已为社会输送了 6 000 多名高素质专业人才,目前在校本科生近400 人。

2. 名师带头

酒店管理专业带头人薛兵旺教授是教育部高等学校旅游管理类专业教学指导委员会委员、国务院特殊津贴专家、二级教授、湖北名师、湖北名师工作室主持人。在他的带领下先后建成湖北省名师工作室、省级优秀教学团队和省级优秀教学基层组织等省级以上教学团队。

3. 特色优势

(1)构建并实施了"产教融合、循行导教 3+1 人才培养模式"。构建了"产教融合、循行导教 3+1 人才培养模式",明晰了培养高素质、应用型高级专门人才的人才培养定位,校企共同制定人才培养方案,共同构建课程体系,共同组织实施考核,学生毕业后能直接走上酒店管理岗位,学生就业率达98%。

(2)行业办学背景深厚,服务社会彰显应用型特色。酒店管理专业深度对接行业与企业,牵头组建湖北省酒店职教集团和武汉酒店行业协会,又成立了武汉市茶艺馆协会和武汉调酒师协会,为全国旅游院校和旅游企业搭建了校企合作和交流的平台,也为我院的酒店管理专业建设和学生的就业创业提供了广阔空间。

二、基于 OBE 理念的人才培养模式

OBE(outcome based education,OBE)教育理念,又称为成果导向教育、能力导向教育、目标导向教育或需求导向教育。OBE 教育理念是一种以成果为目标导向,以学生为本,采用逆向思维的方式进行的课程体系的建设理念,是一种先进的教育理念。

OBE 理念最核心的内涵是贯彻执行以学生发展为中心、以学生学习为中心、以学生学习效果为中心的"三中心"论。在专业教育中体现"三个三"——三个目标:培养目标、毕业要求、课程目标;三个支撑:毕业要求支撑培养目标、课程体系支撑毕业要求、课程目标支撑毕业要求指标点;三个机制:培养目标的评价机制、毕业要求的评价机制、课程目标的评价机制。其教学设计流程如图 6-1 所示。

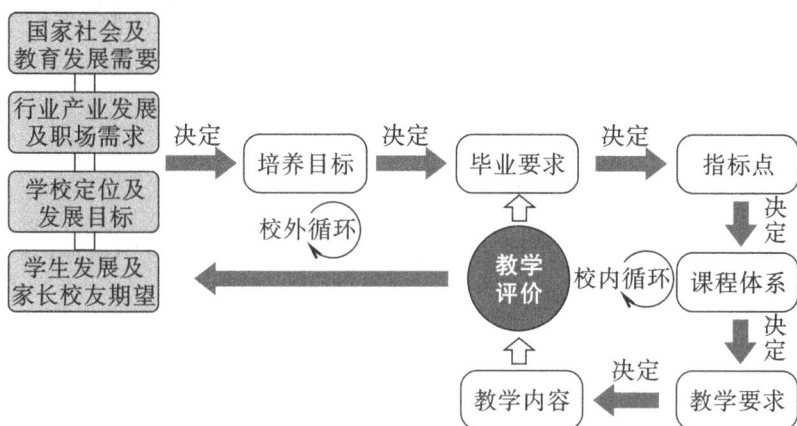

图 6-1 基于 OBE 教育理念的教学设计流程

(一)人才培养目标

1. 总体描述

本专业紧跟学校"建设商科教育特色鲜明、行业知名、地方一流的应用型本科高等学校"的发展定位,以国家"旅游强国"发展战略对旅游酒店行业高端人才的需求为导向,立足武汉,面向湖北,辐射全国,培养德、智、体、美、劳全面发展,掌握系统的酒店管理理论知识,敬业精神强、实践能力强、服务意识强,具备酒店数字化经营与管理能力,富有国际视野和创新意识,能够在高星级饭店、精品民宿、旅游集团从事经营管理工作的高素质应用型人才。

2. 具体描述

学生毕业后 5 年左右能达到的职业和专业成就:

(1)具有较高的政治素养、道德修养、人文素养和专业素养。

（2）具有适用于管理学学科的、系统的、理论性的社会科学知识和自然科学知识，具备管理学和经济学的知识架构，能够应用酒店管理专业知识与技能解决实际问题。

（3）具有较强的人际沟通与表达能力，能够熟练地掌握和应用一门外语，进行国际化交流。

（4）具有批判性思维与探索精神、具备创新意识与能力。

（5）掌握酒店经营管理基本理论与实践、熟知国内外酒店业发展趋势。

（二）毕业要求

毕业生应获得以下 9 个方面的知识和能力：

1. 人文情怀与职业素养

具有人文底蕴、科学精神、职业素养和社会责任感，了解国情社情民情，践行社会主义核心价值观。

（1）具有人文社会科学素养，了解国情社情民情，维护国家利益，具有推动社会进步的责任感。

（2）熟悉党和国家的基本路线、方针、政策，掌握中国对外开放的基本政策和相关法规，践行社会主义核心价值观。

（3）具备酒店管理专业的基本职业素养和职业道德。

2. 基础知识与专业知识

具备扎实的经济学、管理学基础，系统掌握酒店管理专业的基础知识、熟悉酒店管理的理论与实务的基本构架、方法和原理，了解酒店管理的理论进展及相关领域实务中的新现象、新动态。

（1）具备扎实的经济学与管理学基础。

（2）系统掌握酒店管理专业的理论架构与知识体系。

（3）熟悉酒店管理的基本原理与方法。

（4）了解酒店管理领域最新动态和发展趋势。

3. 创新思维与探索精神

具有探索精神和专业敏感性，具有创新意识和创新实践能力，具有应对新的市场环境对酒店带来挑战的能力。

（1）具有批判性思维和专业敏感性，能够发现、辨析、质疑、评价专业领域的现象和问题，表达个人见解。

（2）具有创新意识和能力，能够应对不断变化的市场环境，提出创新性见解，进行创新性实践。

4. 解决复杂问题能力

能够对酒店管理领域的复杂问题进行综合分析和研究，并提出相应对策或解决方案。

（1）能够对酒店管理领域的复杂问题进行综合分析和研究。

（2）能够对本专业复杂问题提出相应对策或解决方案。

5. 信息技术应用能力

了解数据库原理，能够运用现代科学技术工具对酒店业及相关领域的数据信息进行收集和分析处理，熟悉常用数据分析软件的使用方法，能够使用计算机辅助系统为管理决策提供支撑。

（1）能够使用专业先进技术和信息技术工具。

（2）会使用 Excel、SPSS 等数据处理软件。

（3）能够使用计算机和统计分析软件对数据进行综合分析并发现规律，为管理决策提供依据。

6. 沟通与表达能力

能够使用书面和口头表达的方式与业界同行和社会公众就酒店业相关领域的问题进行有效的交流与沟通，掌握跨文化沟通的方法与技巧，具有国际交流能力。

（1）能够进行跨文化沟通。

（2）能够就专业领域的问题与业界同行及社会公众进行有效沟通和交流，包括撰写报告和设计文稿、陈述发言、清晰表达或回应指令。

7. 团队合作能力

具有团队协作意识，在酒店管理及其他相关专业团队活动中能够有效地发挥个人能力，能够与其他成员进行协调合作并促成团队合作目的的达成，具备国际团队合作能力。

（1）能主动和团队成员合作开展工作,能够与团队成员和谐共处、协作共事,并在团队活动中发挥积极作用。

（2）能够组织或领导团队活动,能够创造共同愿景,激励成员士气,并且领导团队成员获得成长机会。

（3）具备国际团队协作能力。

8.国际视野和国际理解能力

熟练掌握至少一门外语,具有国际视野和国际理解能力,关注国际动态和全球性问题,理解和尊重世界不同文化的差异性和多样性,熟知国际品牌酒店的文化差异与沟通策略。

（1）熟练掌握至少一门外语,能够熟练地运用该门外语完成听、说、写等方面的日常任务。

（2）具有国际视野和国际理解能力,关注国际商业动态和全球管理问题。

（3）了解并理解中西文化存在一定的差异性,能够掌握中西文化中不同的礼仪和饮食特征和习俗,能够适应在不同文化环境中的生活与工作。

（4）熟悉国际酒店领域的一般准则。

9.终身学习能力

具有终身学习意识和自我管理、自主学习能力,能够通过不断学习,适应社会和个人可持续发展。

（1）能认识不断探索和学习的必要性,具有自主学习和终身学习的意识。

（2）具备终身学习的知识基础,掌握自主学习的方法,了解拓展知识和能力的途径。

（3）能针对个人或职业发展的需求,采用合适的方法,自主学习,适应国际国内酒店业发展的新需求。

（三）人才培养模式

专业以成果导向教育（OBE）等先进教育理念为指导,基于学校"一二三四"人才培养模式基本框架,注重发挥学校和企业的协同效应,结合办学实际,构建"循行导教2AB"人才培养模式。

这种模式以"循行导教"为人才培养理念,基于酒店行业发展和职业成长规律,以培养高星级饭店、连锁酒店、餐饮集团从事经营管理工作的高素质应用型人才为目的,按照 A、B、A′、B′四个培养环节来实施教学,从而切实提升学生就业能力。"循行导教 2AB"中的"2AB = AB+A′B′";其中,A 表示校内学习与实验实训,包括文化基础知识、专业基础知识、专业技术知识、专项技能的学习和实验实训;B 表示校外基地的专业教学实习;A′表示校内新知识和新技能的学习与拓宽;B′表示校外的毕业实习。

（四）主干学科与核心课程

主干学科为经济学、管理学。

核心课程为旅游学概论、旅游接待业、旅游目的地管理、旅游消费者行为、酒店管理概论、酒店客户管理、酒店运营管理、酒店督导。

（五）课程体系结构及学分、学时比例

课程体系结构及学分、学时比例见表6-1。

表6-1　课程体系结构及学分、学时比例

类别			学分数	学时数	理论		实践		占总学分比例（%）
					学分	学时	学分	学时	
通识教育平台	通识必修课	必修	45	816	35	600	10	216	26.87
	通识选修课	选修	8	128	8	128	0	0	4.78
学科基础平台	学科必修课	必修	29.5	472	27	432	2.5	40	17.61
专业教育平台	专业必修课	必修	17.5	280	11.5	180	6	100	10.45
	专业限选课	选修	21	336	15.5	244	5.5	92	12.54
	专业任选课	选修	8	128	6	96	2	32	4.78
集中实践教学模块	专业必修课	必修	32.5	600	0	0	32.5	600	19.40
小计			161.5	课内理论教学学时合计		1680	实践教学学分比重		34.93
素质拓展与创新创业活动模块			6	实验教学学时合计		480	创新创业课程学分合计		2
最低毕业学分:167.5									

（六）学生解决复杂应用问题能力培养体系说明

学生解决复杂应用问题能力培养体系说明见表6-2。

表6-2　学生解决复杂应用问题能力培养体系说明

本专业解决的复杂应用问题	解决复杂应用问题能力的培养过程	复杂应用问题涉及的课程模块	本专业设置的课程及相应的实践环节	支撑性的专业能力
酒店经营策划与管理	孕育	学科基础模块	管理学原理、高等数学B(上)、高等数学B(下)、旅游学概论、旅游接待业、经济学原理、会计学原理、线性代数、概率论与数理统计、统计学原理、旅游目的地管理	扎实的专业理论基础和基础技能
		专业基础模块	酒店职业素质修炼、酒店管理概论、酒店服务管理综合实验、酒店运营管理、旅游消费者行为、酒店管理信息化软件实验、酒店督导、酒店客户管理	
	孵化	专业限选模块	酒店商务英语、酒水服务与酒吧管理、专业拓展与创新训练、酒店前厅与客房管理、酒店餐饮管理、酒店市场营销、旅游公共关系与礼仪、酒店收益管理、酒店数字化营销、酒店人力资源管理、宴会设计与管理、酒店法律法规、酒店电子商务、酒店活动策划、酒店战略管理	培养目标模块能力培训
		专业任选模块	食品营养与卫生、研学旅行、中外民俗、中外茶艺、会展服务与管理、葡萄酒品鉴、厨房管理	
	形成	实践教学模块	酒店认知、专业实习	酒店经营管理综合能力训练
	运用	实践教学模块	毕业设计（论文）、毕业实习	酒店管理综合能力应用

三、酒店管理专业产教融合建设情况

（一）产教融合平台建设

1.校内外实践平台建设

酒店管理专业实训中心获批中央财政支持的国家级实训实验基地,酒店管理专业实训中心获批湖北省级实习实训基地项目,中心设有 12 个实验室,设备先进。校外实践教学基地方面,现已建成武汉泛海喜来登酒店、武汉会议中心、武汉洲际酒店、万达威斯汀酒店、希尔顿酒店集团、天津四季酒店、深圳瑞吉、深圳凯悦、深圳君悦、苏州凯悦、国内开元酒店管理集团、纽宾凯酒店管理集团等 20 多个校外实习基地,满足学生认知实习、顶岗实习、毕业实习的需求。

学院下一个五年规划中,酒店管理专业将紧跟学校总体规划,探索校企合作育人新模式,与行业、企业积极探索产教联盟、企业冠名班、企业订单班等校企合作办学新模式。通过"校中厂""厂中校"等方式,采用"3+1""2+2"等培养模式,与行业、企业共建实验室和实践教学中心,加强特色实训基地、实践基地建设。整合校内实践教学资源,建设各专业可以共享的实验实训基地,满足培养学生实践能力和创新能力的需求,提升应用型人才培养质量。

2.专业发展平台建设

武汉商学院酒店管理专业,作为湖北省酒店管理专业招生人数最多的专业,在学院院长薛兵旺教授的带领下,牵头组建并主导了湖北省酒店职教集团、湖北省研学旅行协会、武汉商学院旅游研究会、武汉酒店行业协会、武汉市茶艺馆协会和武汉调酒师协会的成立和发展,为酒店管理专业建设和学生就业创业提供了广阔平台空间。这些交流平台定期举办学术研讨会、行业和地方高校的交流会议、旅游大类教学比赛、调酒比赛、酒店前厅接待技能大赛、酒店餐饮摆台技能大赛等赛事,积极发挥平台的牵引作用、桥梁作用,在湖北旅游和酒店管理类专业以及行业、企业中,颇有影响力。

3. 教师发展平台建设

（1）积极推进"双师"建设，打造教师发展平台。酒店管理专业，每年都会组织教师到旅游产业集群重点对接的产业和企业，参加全脱产工程与社会实践、挂职锻炼，聘用行业企业具有实践经验的专业技术人员和技术技能型人才担任专兼职教师，确保与企业建立良好持久合作关系，共同建设校企合作课程、应用型教材、开展应用型科学研究项目、软件著作权等，利用校企合作项目组织指导学生参加"互联网+"大学生创新创业大赛、"尖峰时刻"全国酒店管理模拟大赛、全国大学生电子商务"创新、创意及创业"挑战赛、全国"问途杯"酒店数字营销大赛等。学科专业集群内教师每年至少有一次到企业实践锻炼的经历，行业企业专业技术人员兼职教师人数不低于学科专业集群内教师人数的30%。

（2）创新师资建设机制，取得预期成果

1）强化制度保障。贯彻"以教定岗""以课选人"等制度体系，将本科课程教学质量与教师岗位聘任、考核、薪酬挂钩，精准配置课程师资，构建科学的"评价—激励—支持"的教师教学能力追踪与提升体系。

2）改革教学组织架构。打破科室界限，组建以学科带头人为负责人、青年教师为骨干的课程团队，落实课程负责人制度，促进多专业融合，实现教学组织架构扁平化。

（3）建设教师发展平台。构建院级青年教师发展协会，搭建教师个人发展平台，通过青年教师导师制全面提升教师的教育教学融合创新能力。2019年以来，已先后建成湖北省名师团队、湖北省酒店管理专业优秀教学团队和湖北省酒店管理优秀基层教学组织，其中1名教师获得湖北省青教赛二等奖。

（二）完善校地合作机制，筹建现代产业学院

1. 完善校地合作机制

学院积极推进校地互动共生发展和产教深度融合的体制机制建设，加强学校与政府、行业、企业、科研院所等深度合作，与地方文化旅游、餐饮服务等协同合作，拓展多元化、特色化的教育培训内容，推动酒店管理专业经济社会互动共赢。酒店管理专业先后获批国家级一流本科专业、国家级一流本科课程、国家规划教材、教育部产学合作协同育人计划项目、湖北省高等学校战略性新兴(支柱)产业人才培养计划项目、湖北省高校名师工作室、湖北高校优秀基层教学组织、湖北高校省级教学团队、湖北省本科高校专业综合改革试点项目、湖北省荆楚卓越人才协同育人计划等10余项省级以上教学质量工程。

2. 与知名企业融合协作,筹建湖北省智慧文旅现代产业学院

2021年4月23日,武汉商学院与携程集团战略合作签约仪式在行政楼508会议室举行。携程集团国内政府合作部CEO张旭、携程集团智慧旅游总经理廖伟平、携程武汉分公司总经理杨勇及相关部门负责人到场。携程集团国内政府合作部CEO张旭表示,携程集团面临2003年"非典"疫情的冲击后,于当年赴美国纳斯达克上市,过去一年里,新冠肺炎疫情席卷全球,携程集团于2021年4月19日用二次上市登陆港交所宣告了战胜"天灾",并已成长为交易额全球第一的在线旅游公司。下一步,携程集团将深耕国内,与各地区进行深度融合,此次与武汉商学院校企合作,是携程集团首次尝试与高等院校进行战略合作,携程集团非常重视,将鼎力支持湖北省智慧文旅现代产业学院的筹建。

下一步,武汉商学院旅游管理学院将与携程集团就湖北旅游大数据研究、智慧旅游产业发展、旅游产业人才培养等方面开展紧密合作,建立战略合作关系,同时,拟筹建湖北省智慧文旅现代产业学院,共同助力湖北文化旅游产学研协同发展。

(三)积极探索国际化合作

学院以高质量、内涵式发展为主线,不断扩大学校教育对外开放力度,增进教育教学交流,深化科研合作,推广文化传播。建立以学院为主体,学校、职能部门、学院分工合作、协调联动的国际学术交流合作工作机制,开展高层次、高质量的国际学术交流活动。

1. 推进国际化人才培养

酒店管理专业所在的二级学院旅游管理学院,先后举办了三次智慧旅游与智能酒店建设的高水平国际学术会议,与数十个国家和地区高校合作伙伴召开双边、多边学术论坛,扩大学校国际影响力。积极借鉴国外先进的教学理念、教学模式、教学内容和教学方法,优化人才培养模式,探索国际化教学组织模式创新。合理规划留学生规模,重点做好学历教育,健全管理制度体系,提高留学生培养质量。支持学生赴国(境)外交流学习,提升国际交往能力,探索建设海外合作办学基地,为国际化人才培养搭建新的桥梁。

2. 促进师资队伍国际化

近十年来,武汉商学院酒店管理专业积极引进、邀请海外高层次专家学者来校工作、访问和讲学,邀请国外专家开设讲座;建立较为稳定的外籍专家兼课团队,共建科研团队或平台,形成学术共同体,共同合作申报国际合作科研项目,培育新的研究方向和学科增长点。近三年由于受疫情影响,国际化交流多以网上交流、云交流等形式推进。随着疫情减弱,各个国家放宽防疫政策,将积极争取国际交流和合作。

为了提升师资队伍国际化水平,学院也大力实施中青年骨干教师出国研修计划,不断开阔教师国际视野,疫情前,先后派出15人次骨干教师赴新加坡、瑞士、德国、澳大利亚等发达国家进行学术交流学习;积极推动教师和学术创新团队参与国际合作研究,进一步提升学校青年人才的国际合作与交流能力。开辟更多渠道为教师和管理人员提供国际化学习机会,支持一线教师特别是青年教师(含实验教师、学生辅导员)赴海外合作院校学习交流。

3. 营造国际化育人氛围

为了营造国际育人氛围,学校强化了国际化办学基础设施建设和配套服务;加快完成各类信息系统的英文界面和英文网站建设,及时更新双语内容;加快英文图书、期刊、电子资源采购和应用,营造多元开放的文化生态;进一步营造国际化管理服务环境,完善管理文件、信息平台和服务方式,全方位满足日益增长的教育国际化办学需求。

下一步,将积极向澳门科技大学等酒店管理专业国际化程度较高的学校学习,探索并落地"3+1""4+1"等模式的本科双学位、本硕直通车合作办学项目,深化酒店管理专业国际化办学水平,并积极组织酒店管理专业进行联合国世界旅游组织旅游教育质量认证工作。

（四）发挥专业集群效应

1.鼎力支持国家战略,发挥专业集群效应

在国家"旅游强国"战略指导下,依托酒店管理国家级一流本科专业和国家级一流本科课程,与上海携程集团合作,建设智慧酒店大数据、旅游酒店数字化运营、文旅创新产品研发设计等学科专业集群,并以酒店管理专业牵头组建湖北省酒店管理职业教育集团、湖北省旅游管理类专业教学指导委员会、武汉酒店行业协会、武汉调酒师协会、武汉市茶艺馆协会,为酒店管理人才培养方案实施、学生实习就业提供高层次专业平台链,充分发挥专业集群对国家文旅产业发展和专业人才培养的协同效应。

2.得到同类高校认可,新闻报道宣传广泛

近年来,中南财经政法大学、西北师范大学、北京联合大学、河北承德学院、湖北经济学院、江汉大学、重庆文理学院等20所高校来校学习借鉴酒店管理专业人才培养模式与经验,并给予高度评价。在理论研究方面,完成全国教育科学规划课题"高等教育应用型人才培养创新研究"和省级教改项目"'四金工程'引领国家一流专业酒店管理卓越人才培养研究"等6项研究课题,出版《新时期旅游扶贫面对面》《现代旅游业应用型人才培养研究》和《酒店督导管理》等著作和教材20余部,发表研究论文30多篇,有5项研究成果被省部级领导批示并被行业采纳。新华社、《人民日报》、《湖北日报》、湖北电视台、光明网、人民网、新华网等主流媒体先后深度报道,产生了强烈的社会反响。如2021年8月3日,《人民日报》以《武汉商学院:构建"一专四金"人才培养体系,打造国内一流酒店管理专业》为标题,全面报道酒店管理一流本科专业建设和培养荆楚卓越人才的做法和经验。

四、国家一流酒店管理专业可供借鉴的经验

（一）推进酒店管理专业高水平建设

1.认真学习和贯彻落实全国本科教育大会精神,推进思想认识到位

深入学习习近平总书记系列重要讲话精神,坚持社会主义办学方向,遵循高等教育规律和人才成长规律,组织全方位宣传学习活动,通过各类会

议、教育思想讨论、制度等形式,使大会精神深入人心。

2. 出台振兴本科教育改革方案,形成全面振兴本科教育新局面

围绕"一流专业、一流课程、一流人才、一流条件、一流质保",通过特色专业建设、人才培养模式与课程改革、协同育人机制、教学条件建设、教学质量保障体系等五大项目工程,做好"二十件事"。

(1)实施学科专业建设工程,强化优势特色学科专业。建立专业动态调整机制,设置"互联网+""中国制造2025"等相关专业,做好专业调减;建设一流专业,建设"新商科""新工科""新文科",推进专业集群建设。

(2)实施人才培养改革工程,创新人才培养模式和课程体系。优化培养方案,提高实践教学比例,调减学时总数,强化学生自主学习和训练;以"大通识、塑人格、强能力"为核心进行通识素能培养,建设五大"金课",打造"金课"工作坊;深化学分制改革,探索辅修、双学位制度,实施"第二课堂成绩单";强化课程思政和专业思政。

(3)实施协同育人机制改革工程,构建深度融合的协同育人新机制。完善协同育人机制,健全培养目标协同机制、教师队伍协同机制、资源共享机制、管理协同机制等"四协同"机制;加强创新创业教育,构建"全过程、深融合、协同式"创新创业教育模式,启动创新创业试点课程、专业建设,开设创新创业实践班;完善实践教学质量标准,构建功能集约、资源共享、开放充分、运作高效的实验教学平台,启动商科仿真实验中心、餐旅综合教育培训中心等重大项目建设,贯彻"1+X"证书制度;提高国际化水平。

(4)实施教学软硬件提升工程,提高教师教书育人能力。加强师德师风建设,强化教授本科生上课制度;成立教师发展中心,提升教师执教能力;推进现代信息技术与教育教学深度融合,开展大数据下教育治理能力优化行动;加强课程资源建设。

(5)实施加强大学文化质量建设工程,健全教学质量保障体系。完善教学工作评价办法,建立本科教育自我评估制度,引导专业内涵建设;健全教学激励机制,引导教师投入高质量教学;成立质量评估与监测中心,健全校院两级教学质量保障体系,完善质量标准,弘扬质量文化,形成"质量、监控、交流、反馈、改进、提升"的闭环机制;引导专家组织和社会机构参与学校质量评价。

3. 加大本科教育经费投入,强化人才培养工作中心地位

把建设高水平本科教育作为把方向、管大局的重要切入点,认真谋划和推动校内机制体制改革,加大本科教育经费投入,为育人质量提升奠定体制基础。出台《教师岗位分类管理办法》《实验实训室教学绩效考核细则》《教学奖励实施办法》等重要制度,推进绩效分配改革、校院二级管理改革,激发内部机构和教师活力,强化人才培养工作中心地位。

(二)深化酒店管理专业综合改革

1. 主要举措

(1)基于"循行导教、产教融合"的酒店管理专业人才培养理念,制定专门的人才培养方案,设置个性化定制课程,强化创新创业的实践与训练,突出双语教学,建立校企合作机制,完善实验实训实习教学体系,改善实践教学条件,增加实践课程内容,加大实践教学方法与手段改革。

(2)规范教学常规管理,夯实建设硬件环境,优化管理制度,建立实验实训实习规范守则。

(3)实施积极的师资人才引进和培养政策,不断深化教学奖励与分配制度改革,提升教师专业教科水平,实现科技成果转化,鼓励学生参与学科竞赛和项目,提升社会服务水平。

(4)与国内外知名酒店企业合作,共同开发人才培养方案、课程体系和产学研创项目,积极推进精品资源共享课程、双语课程、微课、慕课等建设。

2. 主要成效

(1)人才培养模式的改革成效。推进"循行导教3+1"人才培养模式,开办创新实验班,《"循行导教3+1"人才培养模式构建与实践探索》获评湖北省教学成果奖;酒店管理专业获评荆楚卓越经管人才协同育人计划、湖北省综合改革试点专业项目和湖北省新兴支柱产业本科项目。

(2)课程体系改革成效。打造"金课",淘汰"水课"。2019年以来,酒店管理专业先后获批国家级一流课程酒店督导、国家规划教材、教育部产学合作协同育人计划、湖北省教改项目等10余项省级以上教学质量工程,培养了一批国际酒店卓越管理人才,相关教学成果在2022年获评湖北省教学成果奖二等奖。另外在精品课程建设方面,获得省级精品资源共享课程 1 门,武汉市精品在线开放课程 1 门,校级精品资源共享课程 5 门,获批校级双语课程 3 门,微课建设项目 2 门。共完成了 10 多本教材及专著的编写出版工作,获得校级优质教材立项 4 本。

(3)人才培养质量建设与成效

1)学生创新创业能力明显提升。学生获得"2016 创青春湖北省大学生创业大赛""第四届武汉市属高校学生创业规划大赛"奖励 10 多项;获评国家级、省级大学生创新创业项目 20 多项。2016 年学生参加省职业技能大赛,获得一等奖等多个奖项,更被授予湖北省技能状元称号,并代表湖北省参加全国比赛。有 9 名学生项目入选文旅部"实践型英才培养项目"。

2019 年以来,学生参加"互联网+"大学生创新创业大赛、全国酒店服务与管理技能、"问途杯"全国数字营销大赛等各类学科竞赛获得特等奖、一等奖、二等奖、三等奖 100 多项;获得国家调酒技能大赛湖北省一等奖,被授予湖北省技能状元称号;在第八届中国国际互联网+大学生创新创业大赛中获得省级铜奖以及 2023 届全国电子商务三创赛省赛中获得特等奖及一等奖,并挺入决赛。

2)学生科学研究能力持续增强。2019 年以来,本专业获评省级以上大学生创新创业项目 20 余项,参与科研项目 10 余项,发表论文 30 多篇,先后获得湖北省高等学校论文比赛一等奖。

3)卓越人才不断涌现。2019 年以来,本专业就业率保持在 90% 以上,用人单位满意度 98%,毕业生在湖北荆楚区域就业创业的比例达到 70% 以上,高端就业的比例达到 25%。

(三)建立质量控制与保证体系

建立校内与校外、教师与学生相结合的培养过程全程监控"闭环式"教学质量监控与保证体系。如图 6-2 所示。

监控与评价机构及方式　　　　　　监控对象　　　　监控关键点

```
┌─────────────────────┐        ┌──────────┐      ┌──────────────┐
│ 学校教学工作委员会   │        │ 专业定位 │      │ 专业定位     │
│ 校、院教学督导组     │───┐    │ 培养目标 │─────▶│ 培养计划     │
│ 专业教研室           │   │    └──────────┘      │ 培养目标     │
└─────────────────────┘   │                      └──────────────┘
          │               │    ┌──────────┐      ┌──────────────┐
          │               │    │          │      │ 课程、教材   │
          │               └───▶│ 教学条件 │─────▶│ 教学基地     │
          ▼                    │          │      │ 教学管理文件 │
┌─────────────────────┐        └──────────┘      │ 教学管理人员 │
│ 教学检查、巡视       │                          └──────────────┘
│ 领导、专家听课       │        ┌──────────┐      ┌──────────────┐
│ 日常教学检查         │───┐    │ 教学过程 │─────▶│ 课堂教学     │
│ 课堂教学质量评估     │   │    └──────────┘      │ 实验、实习等 │
│ 教学信息反馈         │   │                      └──────────────┘
│ 新课试讲             │   │    ┌──────────┐      ┌──────────────┐
└─────────────────────┘   └───▶│ 教学效果 │─────▶│ 考试、考核   │
                               └──────────┘      │ 毕业论文（设计）│
                                                  └──────────────┘
```

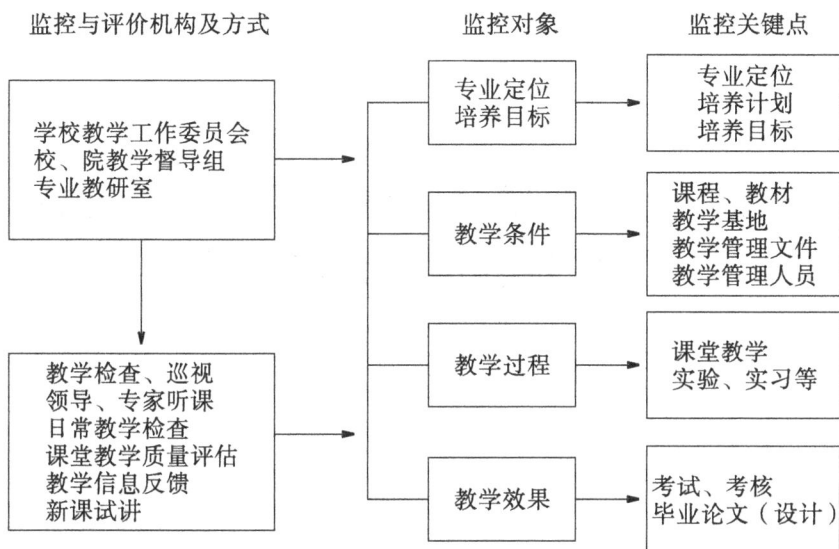

图6-2 "闭环式"教学质量监控与保证体系

（1）建立了由学校教学工作委员会、校院教学督导组、教研室组成的三级组织管理机构，确保监控有效运行。加强教学管理制度建设，打造高效课堂，健全专业教学管理制度，出台了10多份教学管理文件与制度严格执行各种教学管理规章制度，营造教学管理有条不紊、教学秩序井然的良好教书育人环境。

（2）加强校内教学督导、教师互评、师生互评，构建多方位、立体化的质量监控体系。每名教师每学期听课和被听课不少于3次，每年开展院内教学观摩课2次，实行青年教师的"跟课"制度，教研室每周开展1次主题教研活动。

（3）完善校企合作专业指导委员会的组织和建设，充分发挥校外专家的指导作用，组织学生参与教学评价，每学期召开了1次学生座谈会，及时、准确了解教师的教学态度、授课质量、作业批改等情况。

（4）教师改进教学方式方法，让学生成为课堂的主人。近三年10多名教师获得观摩课讲授、教案写作、说课、PPT制作、五项技能大赛等校级竞赛项目的奖项，3名老师获评学校"最受学生欢迎的十佳教师"称号。

第七章　产教融合背景下酒店管理专业人才培养的建议与策略

第一节　产教融合背景下酒店管理专业人才培养的建议

一、打通校企师资库，建立双师双能型师资队伍

师资队伍是决定一所高校教学质量的关键。应用型人才的培养对师资提出了特殊要求，不仅需要教师具有扎实理论知识，能做科学研究，更需要教师具有实践经验、能进行实际操作，即所谓的"双师型"教师。

传统大学比较重理论而轻实践，培养出来的人才也是偏重于理论型的，实际动手能力不强。相比职业学院，地方高校酒店管理专业教师有学历门槛限制，绝大部分是硕士、博士研究生毕业，受的是传统教育，在实践方面比较欠缺。针对这一问题，地方高校可以借鉴学习西方发达国家和教师实践能力强的旅游酒店类职业院校的相关经验，强化"双师型"教师队伍。

（一）建立人才引聘标准，创新引才政策

酒店管理专业的应用型、实践性决定了酒店管理专业教师，必须具有较强的实践经验，方能成为合格的专业教师。"名校生+高学历"的师资并不等于名师，这是基本常识。但在常识面前，现实中对教师队伍建设的考核评价标准，让办学者仍选择抬高学历门槛。一些学校、教育部门在招聘新教师

时,清一色提出硕士或博士以上学历的用人要求。换言之,其用人导向就是高学历毕业生等于高素质人才。有些高校的教师队伍建设评价体系,不仅要求教师岗位应聘者要有硕士或者博士学位,还要有海外留学经历,还要看博士毕业院校是否属名校,并进一步追查本硕学历。"不拘一格降人才",变为"一格一格降人才"。让人忧虑的是,对于这样的用人要求,有的地方甚至作为业绩亮点和竞争优势。对此,如果不从扭转政绩观和业绩观着手进行治理,恐难有治理成效。

各地方应用型高校、职业学院可针对酒店管理专业的特殊性,不拘一格降人才,根据社会发展、时代需求建立新的人才引聘标准;根据高层次人才、行业能工巧匠、技能名师、教学名师的结构要求,创新人才政策,建立多种形式的专、兼职教师队伍;根据优化双师结构的内在要求,制定《高层次人才引起标准和办法》《校内专职教师企业挂职管理办法》《行业兼职教师管理办法》《产业教授引进办法》等系列"双师"建设法规。教师的引进不能陷入"唯学历""唯论文"的怪圈,要创新人才引进机制和政策,为真正能给学生带来酒店行业最新知识动态、最新实践技能实操、最新管理经验的专业教师铺路,让这些名师巧匠能通过合理的教师引进通道加入专业师资队伍,打造真正的"双师型"教学团队。

(二)打开师资融通思路,专兼职教师互聘互用

地方高校酒店管理专业的教师分为校内专职教师和企业兼职教师,专任教师理论较强但实践能力不足,不能掌握行业最新动态;企业兼职教师行业经验丰富,但授课时间不确定,教学能力和方法也差异较大。

酒店管理专业师资队伍的建设,可从外引兼职教师、内培专任教师两个方面开展。"外引"可从酒店行业或文旅部门聘请一批高水平的管理人员和技术人员作为兼职教师或顾问,实行专兼结合,弥补"双师型"教师的不足。"内培"则鼓励教师考取相关职业或技术资格证书,也可以与企业合作,让企业给老师提供实践岗位,选派青年教师到企业挂职锻炼,参与企业的生产与管理,不断提高老师的社会实践能力。

学校和企业产教融合过程中,要积极打开师资融通思路,学校要积极引导教研室专职教师每学期都能轮流到对口合作企业挂职锻炼,真正做到"双

岗、双薪";鼓励企业兼职教师参与教研室教研活动、观摩课以及校内各种学术交流和讲座,提高企业教师的授课系统性,提升教学能力和素养,引导企业教师成为"产业教授"并给予相应补贴;双方教师团队取长补短,建设混编实践教学的校企师资库,最终完成建立双师双能型师资队伍的任务。

二、创新校企合作模式,创建特色产教融合人才培养方案

地方高校在产教融合应用转型的过程中,部分产教融合贯通较好的学校,纷纷走出自己的特色,创建特色产教融合人才培养方案——更注重以学生为中心的开放式教育,实现封闭式课堂教育向课堂外教育延伸的转变。

三亚中瑞酒店管理职业学院酒店管理专业借鉴瑞士洛桑教学模式,紧密结合行业实际,60%的专业教师来自酒店行业的中高管,具有丰富的行业从业经验;课程体系推行"教学运营一体化"——在校内建设了达到国际四星级酒店标准的海棠麓湖度假酒店作为教学酒店,基本实现了"产教一体、学做合一"的实践教学模块。

浙江科技学院以产业学院为依托,探索了产教融合、校企协同育人的人才培养模式。课程体系上实现教学链和生产链的对接;实践教学内容、方法和手段上,部分毕业设计选题来源于行业企业的一线需要和真实应用项目;校企联合师资队伍上,聘请行业企业资深专家、技术骨干和管理专家担任专兼职教师。

无论是仿照国外人才培养模式,吸纳行业专业人士组建专职教师队伍实施教学,校内建立可实际运营的高星酒店作为产教融合的校内实训、创收基地;还是自行摸索依托产业学院,带动"政校企"协同育人,应用型高校在产教融合人才培养模式的创新创业方面,可大做文章,走出自己的特色培养方案,这也为其他地方高校起到了示范作用。

三、积极支持产教融合发展,建设协同创新、产教融合平台

(一)积极支持产教融合发展

围绕深化产教融合、校企合作、工学结合这一主线,以校企合作共建实习实训设施为重点,强化酒店管理专业建设,支持地方高校酒店管理专业加

强实习实训环境、平台和基地设施建设,提升技术技能人才和应用型人才培养质量。支持地方高校产教融合项目,改善基本办学条件和实习实训条件,提高政府投入;鼓励各地在财政预算中安排产教融合、校企合作发展专项资金,支持产教融合发展,保障校企深度合作。

（二）建设协同创新、产教融合平台

近几年,在探索深度产教融合,协调和维护政府、行业、企业、学校、学生五方利益方面,部分地区的高校开始建立新型产教融合的平台——产业学院,并从企业遴选科技创新人才、经营管理人才和高技能人才担任产业教授,进一步深化产教融合,共建研发载体,开展校企深度合作,为学校推进高水平科技成果转化提供支持。一些地方高校紧抓产业学院这辆马车,带动校企深度产教融合,建立包括校企合作组织治理机构、合作各方利益共享激励机制、产业学院内部激励机制、校内外优质资源利用和整合等产教融合的保障机制,在产业学院建设的实践中取得了初步成效。产业学院与传统的"企业实训基地""订单班"等相比发生了质的飞跃,它是以某个大行业人才需求和技术创新为导向,跨学科、跨专业,基于深度产教融合的专业学院,是当前培养应用型创新人才的新模式。

四、创新协同运行机制,关注各方利益,推进持续发展

（一）创新协同运行机制,落实产教融合优惠政策

职业院校和地方应用型高校要紧紧围绕应用型人才培养目标,以行业需求为导向,做好行业调研,深入了解、全面落实应用型、复合型、高技能人才培养要求;以岗位能力为目标,精准调研,结合行业专家意见,制定对接产业需求的人才培养方案。以"三教"改革为契机,教学主体(教师),通过与时俱进的教学内容(教材),运用信息化教学方法(教法),达到培养复合型、高素质、高技能的应用型本科人才的目的。通过深化人才培养方案改革、健全产教融合协同创新机制、培养合格的企业人才,才能服务好地方经济发展。

（二）关注各方利益,建立产教融合激励机制

地方高校的发展,从本质上说,要协调政府、行业、企业、院校、学生的核心利益。政府代表人民利益并关注民意,从社会契约论看,政府是人类为维

护自身利益自由契约而成,政府关注社会经济发展;企业作为专业化生产组织,追求利益最大化;学校作为教育机构、教学组织,追求实现物质需求(教职工福利待遇)、社会价值以及社会人员和政府的认可;教师作为教育实施者、教育主体,追求实现职业价值、获得合理的报酬、获得在职学习和进修的机会;学生作为受教者,追求技能的培养、经验的积累与自身的成长。

政府、行业、企业、院校、学生五者之间在产教融合的过程中差异性是客观存在的,各自扮演的角色不同,想要将产教融合、协同育人的模式长久推行下去,减少双方利益间的矛盾冲突,各尽其责,通力协作,就必须求同存异,寻找并放大利益重叠部分,建立资源置换或良性流动的循环机制,形成可持续发展的同盟关系。因此需要五方能够在协同运行机制上进行创新,关注各方利益,推进持续发展。

五、制定产教融合育人评价的标准体系

评价是高等学校确保人才培养质量和监控教师教学质量的重要手段。高校将教学质量评价作为教学活动进行宏观调控、促进教学管理科学化、保证和提高教学质量、培养高素质合格人才的重要措施。在高等教育大众化时期树立多元化教学质量观,从学生、同行、专家等不同角度分类评价高校教师教学质量,对教师教学行为改进和教学质量提升具有重要意义。及时访问了解产教融合的相关结果,高校学生就业、合作企业、行业组织和政府有关部门,收集反馈信息,将有助于促进地方高校校企深度合作的发展,促进高校之间的合作互补、改进理论研究和实践教学,使高校与企业间合作、互助式发展。

(一)产教融合评价体系设计原则

高校在科学性和系统性评价的基础之上,还应遵循以下原则。

1.操作性原则

产教融合的评价是一个直观的感觉,必须简洁,容易实施。可操作性的评价包括两个方面:①指标的建立应清晰、易懂、简化适中,以便于数据的采集,数据的计算应该是标准化流程,以方便定量指标;②评价体系和指标计算的相应方法应该简单、科学、便于操作,为了确保评估结果的准确性、可行

性、可信性,应使用科学的方法。

2. 指导性原则

产教融合可以反映现有评价体系,用高校与企业合作的精神来指导课程的理论学习和实践学习。

3. 全面性原则

事物总是互相联系的,从某一角度片面地处理问题,只能显示出现象,不能揭露其本质。对产教融合的评价应从组织、管理、培养条件、教学过程和培训效果等角度对其进行客观且全面的评价。

(二)健全教学评价机制及内容

强调完善教育标准体系,研究制定地方高校酒店管理专业人才培养质量标准,完善学校办学条件标准。

(1)要建立健全教育评价制度,建立地方高校教育质量监测评估制度,建立标准健全、目标分层、多级评价、多元参与的教育质量监控体系。健全第三方评价机制,增强评价的专业性、独立性和客观性。要完善地方高校教育监督体制,促进教育督导机构独立行使职能,落实督导评估,检查验收,质量监测的法定职责,完善督学管理制度,提高督学履职水平,强化督导结果运用。

(2)加强教学督导工作。认真履行监督、检查、评价、反馈与指导五项基本职能,将督导工作的重心始终放在教学质量的监控与保障上。同时,拓宽督导工作思路与途径,丰富和深化督导工作内涵,提高督导工作的覆盖面,形成"常规督查常态化、专题研究校本化、专项评估重点化、跟踪指导经常化"的工作特色。

(3)加强实践教学质量监控。实践教学质量是地方高校人才培养质量的重要保障。实践教学的质量保障包括实践教学环节的质量标准、实践教学内容的质量评价、实践教学实施的过程监控、实践教学效果评价等内容。特别要探索适用于校企合作教学的质量标准、评价体系,要明确基于校企合作实习教学的目标设计、教学组织、实施条件、质量标准与评价指标。

(4)完善多元评价机制。要增加社会评价、校企共同评价环节,确保评价主体的多元化。要建立由校企人员组成的双元二级评价组织体系,制定由教师、学生、教学条件和专业、课程、主要教学环节构成的指标体系。构建由校内评价、校企共同评价、社会评价、第三方评价共同构成的多元互补教学质量共同评价与持续改进机制。

第二节　产教融合背景下酒店管理专业人才培养的策略

一、明确办学定位，落实转型发展部署

2017年，国务院办公厅颁布了《关于深化产教融合的若干意见》，指明了以产教融合为引导的高校改革工作。由此可见，当前推动地方普通高校向应用型转型，深化产教融合已成为新形势下推进高等教育内涵式发展的重要举措与迫切任务。地方高校要以转型发展为契机，明确自身办学定位，做好转型提升、内涵发展、特色鲜明、开放办学的发展战略；以服务地方经济为己任，落实转型发展部署，推进学校高质量发展、全面提升综合实力、加快建设一流应用型城市大学。

目前开设酒店管理专业的高校主要为应用型本科高校和高职高专学院，作为地方高校，明确自身实践性、应用型、复合型人才的办学定位，落实转型发展部署，以学生能力培养为重心、以服务地方为宗旨、以社会需求为导向、走产教融合创新人才培养之路。

（一）以能力培养为重心

《国家中长期教育改革和发展规划纲要（2010—2020年）》指出，我国高等教育中长期改革的一个主题是坚持能力为重，要求优化知识结构，丰富社会实践，强化能力培养。作为新型的应用型人才，需要掌握多种能力，如实践能力、学习能力、创新能力等。与其他类型人才不同的是，应用型人才关注最多的不是知识本身，也不是积累多少知识，而是所学的知识能不能应用于实践，将知识和实践很好地结合起来。因此，学校在培养应用型人才时，

要着重培养学生用学到的知识解决实际问题的能力,以及在实际工作场景中的思维方式和行为方式。

(二)以服务地方为宗旨

酒店管理专业属于应用型专业,主要职责就是为区域经济建设和社会发展培养所需的应用型人才,培养酒店管理职业经理人。在人才培养中,要关注当地产业结构发展,加强与地方旅游酒店行业的联系,关注社会所需培养,确保培养的人才能够切实在地方经济建设和社会发展中发挥作用。

(三)以社会需求为导向

所有高校培养的人才最终都是要走向社会的,而且必须通过工作来实现自己的人生价值。高校培养应用型人才的目的是促进学生的就业,而要想促进就业,就必须使培养的人才满足社会的需要。能否满足社会需求已经成为评价应用型人才培养质量的一个重要指标,主要表现为学生在工作以后,在学校所学的知识、技能,养成的素质能不能适应工作岗位的要求。所以地方高校在培养应用型人才时,不能关起门来,必须开放办学模式,把握岗位实际,了解社会需求,培养的实用型人才要经得住社会需求的考验。

二、搭建校企融合平台,做好人才供给侧改革

2019年10月,中央发改委、教育部等六部门启动《国家产教融合建设试点实施方案》,计划在5年内试点布局50个左右产教融合型城市,在全国建设培育1万家以上的产教融合型企业。产教融合的口号喊了十多年,从1.0版本校企合作,到2.0版本的产教融合,到3.0版本的产教融合型城市。从口号到行动的落地,政府、高校、企业要积极投入共建校企融合平台的快车道上,建设校内产业学院,搭建校企融合平台,整合高校的师生资源和企业的真实环境资源,校企资源共享、人才共建、融会贯通、合作并进。条件允许的城市,可以将产教融合的成果进一步扩大,形成群聚效应,建成产教融合型城市。最终形成高校人才链和企业产业链的对接,完成人才供给侧改革。

学校可成立校企合作委员会、产教融合办公室,为实现校企深度融合搭建平台,与国内、国际品牌酒店集团亲密合作,在校企合作机制建设、教育资源共享、教师挂职锻炼、学生顶岗实习、校企合作办专业、校企合作办产业学

院等方面开展广泛而深入的合作。

学校可联合开展专业群建设。专业群与对口的企业实施校企专业共建,切实保障专业人才培养的适应性,有效整合产业、行业、教育等层面的优势,通过共同制订人才培养方案和专业课程标准、共同开展师资培养、共同实施现代学徒制、共同开展"1+X"证书制度试点等合作,促进专业数字化转型升级和高质量发展。

联合开展技术研发。依托酒店管理专业餐饮等一线部门创意研究中心,联合成立校企研发团队。与当地知名的酒店管理集团公司开展研发合作,实现校企技术的成果转化。例如共同制订智慧菜谱评价标准、开发定制化特色菜点、搭建美食课堂、研发申报技术专利等。

三、优化教师团队,助力教师"双师双能"发展

地方高校酒店管理专业很多都是近 20 年新建的,专业积累沉淀少,很多专职教师都是从高校毕业到高校就业,在应用型技术技能及企业实战经验方面相对欠缺。科研方面,容易效仿综合型部署高校,追求核心论文的发表;教研方面,理论偏重,实操不强,导致学生知识结构不能与时俱进,不能完全对接企业岗位需求。虽然近些年,国家、学校一直鼓励"双师双能"型教师的发展,但是效果并不理想。究其原因,主要是地方政府、学校在政策上还没有完全放开,教师下企业的时长、工作量的核算、工资补贴,并没有真正落到实处;教师挂职的态度不够端正,挂职的质量、效果、跟踪评估机制不够完善;挂职结束后的考核不够科学多元。

基于此,上到政府、学校要拿出真金实银的优惠政策,鼓励老师下企业学实操,并且做好监督管理和考核工作;下到老师自身,也要扭转传统思想,进企业,学会"真枪实弹"的本领,帮助校内教师快速成长,培养出毕业即能上手的应用型复合人才,学生的知识与技能与企业岗位需求能力匹配。

另一方面,政府也要积极给予企业好的减税政策;高校重金招纳企业的能工巧匠、技术大师进校指导教学,打通校企师资互助渠道。只有政策到位,机制健全,扭转思想,齐心协力,才能优化教师团队,助力教师"双师双能"发展。

四、深化人才培养模式改革，服务地方经济发展

地方高校要紧紧围绕应用型人才培养目标，以行业需求为导向，做好行业调研，深入了解、全面落实应用型、复合型、高技能人才培养要求；以岗位能力为目标，精准调研，结合行业专家意见，制定对接产业需求的人才培养方案。以"三教"改革为契机，教学主体（教师），通过与时俱进的教学内容（教材），运用信息化教学方法（教法），达到培养复合型、高素质、高技能的应用型本科人才。通过深化人才培养方案改革，培养合格的企业人才，才能服务好地方经济发展。

围绕新"三中心论"——以学生发展为中心、以学生学习为中心、以学生学习效果为中心，打造金课、拒绝水课；从以教师为中心传统课堂生态（教室），转向利用信息技术以学生为中心的翻转课堂，由先教到先学，由灌输到研讨，由教会到会学。

以学生为中心，校企共同开发，线上线下有效衔接，打造创新型数字化教材。教材内容的更新需要融入行业发展的新技术、新知识、新革命，需要校企共同参与研发，真正打造出具有应用型实践性教材。

校企共育共管，立足应用型，探索地方特色的专业实践教学方法。教学方法改革是"怎么教"的重要推手，应用型高校应力争在真实或仿真环境中进行教学，实现"做中学、学中做"工学结合促发展。教学过程中，如果要达到在真实或仿真环境中教学，势必在企业环境中更有教学效果。

五、加快建立国家级法规，完善行业及地方法规

自1999年至今，我国进入全面发展大众教育阶段，地方高校的办学目标逐步建立，即培育服务地方经济和社会发展的技术型人才。产教融合，已成为高校人才培养质量的关键环节。然而，与校企合作、产教融合配套的政策文件仍然缺乏，加快建立国家级法规，完善行业及地方法规至关重要。

（一）加快建立国家级法规

近年来，虽然我国中央和地方政府积极倡导以服务为宗旨，以就业为导向的教育发展思路，并颁布了一系列的政策促进产教融合的深入发展；但国

家颁布的立法较少,关于普通地方高校产教融合相关工作的解决方法,缺乏相应的法律规范和相应标准。现有的政策和法律法规,大部分属于国家政策约束较多,法律法规规定缺少;规定性较多,实际可操作性措施太少;教育部门文件较多,其他政府部门和合作企业的文件较少。

众所周知,法律法规的制定多是从上而下推动,如果国家层面没有制定相应的法律法规,地方政府在制定一些法律法规时也自然容易出现问题或者困难。因此,要使高校产教融合进一步深化,应该从国家层面着手,加快制定一套严谨的、可操作的法律法规体系。

(二)完善行业及地方法规

国家和政府应该加强宏观调控和指导,鼓励行业、企业和学校参与产教融合政策和法规的制定。如制定有关鼓励行业、企业参与产教融合应用型人才培养和产教融合促进发展的法律法规,利用法律法规来进一步限定政府、企业和行业在产教融合培养应用型人才的权利与义务,特别是对参与产教融合的行业、企业,对其参与培养应用型人才的性质和地位做出具体规定,为其提供政策和法规的保障。

比如,宁波市颁布了《宁波市校企合作促进条例》,为宁波市产教融合地开展发挥了重要作用。该条例的颁布明确了校企合作的运行规则,地方政府建立了校企合作开发专项资金。

当然,不同地区之间不可避免地会存在差异,所以在借鉴的同时,各级政府应充分利用当地的优势,制定一个可行的和实用的产教融合法律法规、更适应当地经济发展的实施细则、设立可行的产教融合标准、支持和引导地方高校产教融合的长期发展。

六、扩大对外交流与合作,探索国际交流合作新模式

改革开放以来,我国一直坚定不移地实行对外开放政策,适应经济全球化趋势,积极参与国际经济合作与竞争,充分利用经济全球化带来的各种有利条件和机遇。随着经济运行全球化,市场和资源跨国化的影响,世界饭店集团每年都在调整和兼并之中,饭店业的联盟和合并导致更大规模的饭店集团的诞生。与此同时,随着网络技术的发展,饭店销售除传统方式外,更

多地利用 Internet 进行网上宣传、网上预订和不同行业间集团联合促销,饭店品牌在 Internet 上将有着巨大的魅力,品牌将越显重要,只有全球化、品牌化饭店才会在现代营销中得益。

酒店行业作为 21 世纪的热门产业,将面临新的挑战和前所未有的发展机遇。谁能顺应时代的潮流,把握市场的新需求,适时进行管理的创新,谁将是市场竞争中的赢家。未来饭店经营与管理将呈现集团化发展,品牌化经营发展趋势。

随着酒店产业的全球化,职业院校、地方应用型高校酒店管理专业要积极请入优质资源。鼓励专业院校围绕构建校企合作培养人才和协同创新模式,引进境外优质职业教育资源,开展共建专业共建基地、教师交流、学生交换、科学研究等多种形式的对外交流合作。建好教育合作与发展中心。

部分酒店管理专业国际化建设较慢的地方高校,可有针对性地学习国外酒店管理学院的办学理念、办学模式、课程结构、酒店运营课程设置、教学技能技法和课堂管理标准、教师结构等内容,与海外优质的酒店管理学院教师探讨课程设计、课堂管理和教学技能技法,交流探索专业课程的实践意义和效果。借鉴国外先进的教学理念和教学模式,应用或创新于教学和管理工作中;探索对外交流合作的新方式,进一步促进酒店管理专业的国际化发展。条件允许的情况下,中外高校酒店管理专业也可就两校资源优势共同开发现代服务业人才培养培训项目,制定标准,共建实训基地,积极探索国际学术交流合作新模式,形成合作标志性成果,示范和分享合作成功经验。

部分酒店管理专业国际化建设较靠前的地方高校,可积极响应国家"一带一路"建设,发展与沿线国家经济合作伙伴关系,加强学校国际合作交流能力和提升国际影响力,扩展了国际教育交流合作领域,推动双方教师合作交流,促进学校人才培养、专业建设、教学与科研合作,增强学校服务国家"一带一路"倡议能力,将推动学校职业教育国际化发展。

参考文献

[1]王凤玲.地方本科高校产教融合应用型人才培养研究[M].北京:中国水利水电出版社,2020.

[2]娄小韵.产教融合背景下学前教育专业人才培养模式研究[M].长春:吉林人民出版社,2020.

[3]陈增红,杨秀冬.职业教育产教融合人才培养模式研究[M].北京:中国社会科学出版社,2020.

[4]顾志良.应用型大学教育的改革实践与创新[M].北京:知识产权出版社,2009.

[5]贺星岳.现代高职的产教融合范式[M].杭州:浙江大学出版社,2015.

[6]陈星.应用型高校产教融合动力研究[D].重庆:西南大学,2017.

[7]赵子聪.基于协同理论的产教融合工程人才培养模式建构与路径分析[D].杭州:浙江大学,2021.

[8]王磊.高等职业教育产教融合协同育人共同体建设研究[D].南昌:南昌大学,2021.

[9]单换儿.产教融合政策执行的研究[D].广州:广东技术师范大学,2019.

[10]邱枫.应用型高校外语校本教材开发困境与对策[D].重庆:四川外国语大学,2020.

[11]彭梦娇.应用型本科高校产教融合的研究[D].重庆:重庆师范大学,2016.

[12]李晓林.地方本科院校应用型人才培养研究[D].荆州:长江大学,2017.

[13]李丹萍.基于区域经济发展的地方本科院校应用型人才培养模式研究[D].

武汉:武汉理工大学,2018.

[14]王娟.高等学校产教融合产权机制研究[D].南宁:南宁师范大学,2019.

[15]孙晓慧.地方工科院校产教融合培养应用型人才路径研究[D].哈尔滨:哈尔滨理工大学,2017.

[16]刘媛媛.高校转型背景下产教融合支持系统建立研究[D].沈阳:沈阳师范大学,2016.

[17]楚文静.产教融合视域下陕西民办高校转型发展路径探析:以西安培华学院为例[J].陕西教育(高教),2017(8):50-51.

[18]尹罡.产教融合视角下教育组织形态的构建模式与路径:应用型本科院校与职业技术学院的比较研究[J].智库时代,2020(12):266-267.

[19]杨善江.产教融合:产业深度转型下现代职业教育发展的必由之路[J].教育与职业,2014(33):8-10.

[20]万伟平.现行机理下产业学院的运行困境及其突破[J].教育学术月刊,2020(3):82-87.

[21]庄怡萍.产教融合背景下高职等级考试的问题与对策研究[J].常州信息职业技术学院学报,2017,16(4):60-62.

[22]赵本纲,李芳玉.现代职业教育产教融合模式构建的思考:以长沙市为例[J].教育科学论坛,2019(18):26-29.

[23]王德国.地方本科高校"产教融合"发展态势与现状分析[J].课程教育研究,2017(32):221-222.

[24]孟阳君,李灿."产教融合"背景下土木工程专业毕业设计改革探索[J].科教文汇(上旬刊),2017(1):65-66,82.

[25]刘宁,赵建华.转型发展背景下的信息类专业"双师型"师资队伍建设探索[J].微型电脑应用,2016,32(9):35-37.

[26]李静."三教"改革背景下产教融合人才培养模式探索与实践[J].陕西教育(高教),2021(3):44-45.

[27]卢志平,朱晓琴,覃家营.地方高校经管类专业校企实践项目包实践教学模式探索[J].高教论坛,2023(1):41-44.

[28]包兵兵,刘河.高职院校"联办本科"的政策逻辑、关键问题及优化路径[J].教育科学论坛,2023(9):10-14.

[29]谢盛嘉.高职院校"双带头人"教师党支部书记工作室建设探索与实践[J].现代职业教育,2023(1):129-132.

[30]刘其晴.职业教育产教融合的理论基础[J].职教论坛,2018(8):27-32.

[31]邓娟娟.试谈职业教育产教融合的理论基础[J].文教资料,2019(28):118-119.

[32]邹良影,曲小远,刘程灿.系统论视域下涉农职业教育产教融合路径的思考[J].中国职业技术教育,2022(36):60-64,91.

[33]张滢,孟海峰,袁文娟,等.高校应用型会计专业人才培养探讨[J].合作经济与科技,2023(4):98-100.

[34]安宏宇.新时代北京市社区科普大学工作的实践与思考[J].科技传播,2022,14(6):35-39,43.

[35]曹晔,孟庆国.推动职业教育产教融合与高质量"双师型"职教师资队伍建设[J].中国职业技术教育,2023(5):19-24.

[36]曲建武,张淼.高校思政课"沟通心灵、启智润心、激扬斗志"的三重维度[J].中国大学教学,2022(12):4-9.

[37]李书涵,欧阳忠明.新时期普通本科高校向应用型高校转型的理论诉求与实践探索[J].教育与职业,2020(2):5-11.

[38]晏涵,韦林利,谭雪兰,等.校企协同育人模式研究[J].文教资料,2020(24):107-109.

[39]杨红荃,土志成.教育分流政策下职业技术教育领域教育硕士培养研究[J].教育与职业,2022(8):37-43.

[40]朱艳.基于"教学做合一"理念的种植实践[J].好家长,2021(87):63-64.

[41]沈秋红,宋青,刘德仿,等.试论地方应用型本科高校的普及化转型:基于政策和研究文献的视角[J].职教发展研究,2022(4):50-59.

[42]付子云."双高"背景下高职院校工学交替教学模式分析:以徐工院物流管理专业为例[J].物流技术,2022,41(3):135-138,147.

[43]殷西祥,胡甜予.产教融合视阈下高等职业院校产业学院建设[J].黑龙江教师发展学院学报,2023,42(3):75-78.

[44]李锦.十九届五中全会精神要点的国企解读[J].现代国企研究,2020(12):15-23.

[45]张泉水."工学交替、校企合作"新教学模式探索:安徽省马鞍山工业学校汽修专业"恒源班"建设[J].汽车维修,2021(2):3-6.

[46]苏亚飞.基于学科群平台的设计学科复合型应用人才培养模式研究[J].中国包装,2023,43(3):100-103.

[47]江本赤,刘玉飞,李公文,等.基于产教深度融合的机器人工程专业人才培养途径[J].湖北理工学院学报,2023,39(1):64-67.

[48]黄倩华,易丽.共生理论语境下现代产业学院协同共建:困境与出路[J].高等职业教育探索,2022,21(1):15-20.

[49]孙巧妍,孙立民,王萍,等.应用型本科高校现代产业学院师资队伍建设研究[J].山东教育,2021(48):46-49.

[50]胡晓玲,马慧敏.旅游管理"订单式"人才培养模式面向企业需求的研究[J].企业导报,2016(5):120-121.

[51]林启德,胡全华,刘国栋.校企合作"订单"式人才培养模式的实践与探索:以广州国光电器股份有限公司"订单"式合作为例[J].考试周刊,2012(41):158-159.

[52]韩凤伟.高职院校核心竞争力培育的多维路径[J].经济研究导刊,2023(4):119-121.

[53]李传伟.贯通与融通:高职院校实践教学模式的构建与实施[J].天津电大学报,2021,25(3):55-61.

[54]赵志群.建设现代学徒制的必要性与实现路径[J].人民论坛,2020(9):59-61.

[55]唐娇,高瑜.三位一体推进现代学徒制的成都实践[J].教育科学论坛,2021(27):15-19.

[56]杨丽丹."现代学徒制"的法律风险与防范路径探究[J].区域治理,2019(31):101-103.

[57] 齐天锋. 基于现代学徒制的旅游管理专业教学改革分析[J]. 三门峡职业技术学院学报,2022,21(4):35-39.

[58] 李涛. 物流专业大学生学徒带教的实践与反思[J]. 中国航务周刊,2022(3):69-71.

[59] 李颖. 少数民族地区现代学徒制实施困境及对策研究[J]. 现代职业教育,2019(33):154-156.

[60] 金根木,胡俊. 校企双元主体框架下的现代企业学徒制:以芜湖职业技术学院学徒制试点工作为例[J]. 芜湖职业技术学院学报,2019,21(1):18-21.

[61] 宋丹莉. 论"现代学徒制"模式下酒店运营人才培养路径构建研究[J]. 智库时代,2019(8):206-207.

[62] 李倩. 现代学徒制在电子商务专业实训课程中的运用研究[J]. 商业故事,2018(18):127.

[63] 张思为,谢计红. 双主体视阈下现代学徒制人才培养质量提升研究[J]. 黑龙江教师发展学院学报,2021,40(5):7-10.

[64] 马小潭,王海旺. 现代学徒制与职业技能竞赛教学融合初探[J]. 河南农业,2023(3):29-30,33.

[65] 金黎明,张艳梅,姚子昂,等. 工程教育认证背景下生物工程专业评价机制的构建[J]. 大连民族大学学报,2022,24(5):469-472,476.

[66] 郭小东,陈青. 酒店管理专业校企"一体化"建设机制研究[J]. 当代旅游,2021,19(21):91-93.

[67] 楚国清,土勇. "大思政课"格局下统筹思政课程与课程思政协同育人的蝴蝶结模式[J]. 北京联合大学学报(人文社会科学版),2022,20(3):10-15.

[68] 张波,蔡中华. 基于"校中厂"合作模式下的现代学徒制试点的实施与探索[J]. 科技展望,2016,26(12):318-319.

[69] 王国明,李光远,张媛媛,等. 高职药学专业现代学徒制学生"工匠精神"培养路径探究[J]. 卫生职业教育,2022,40(16):81-83.

[70] 钟慧. 基于德国"双元制"的旅游英语专业现代学徒制人才培养探

究[J].科教导刊,2022(8):7-9.

[71]李朝敏."一二三"模式下的高职物流管理专业现代学徒制实践探索[J].物流科技,2019,42(8):168-172.

[72]林筱筠.瑞士"洛桑模式"启示下酒店管理专业人才培养模式探讨[J].广西教育,2018(43):137-138,150.

[73]蒋友财,邹雪.民族文化产业工匠现代学徒制培养模式探索与实践:以黔东南苗族侗族自治州为例[J].营销界,2019(42):119-120.

[74]徐伊岑.英美现代学徒制人才培养模式比较及启示[J].教育科学论坛,2022(18):19-23.

[75]牛清明.现代学徒制下的师徒关系[J].西北成人教育学院学报,2019(3):49-53,93.

[76]蔡礼彬,宋莉.瑞士洛桑酒店管理学院(EHL)人才培养模式探究[J].职业技术,2017,16(1):5-12.

[77]张冬梅,陈晶瑾.浅谈高等职业院校"现代学徒制"[J].科技展望,2016,26(18):350.

[78]赵志群.建设现代学徒制的必要性与实现路径[J].人民论坛,2020(9):59-61.

[79]何晓岩.瑞士"洛桑模式"对我国旅游职业教育的启示[J].教育与职业,2019(3):95-98.

[80]郭瑶.基于中英差异的我国高级现代学徒制人才培养目标改革策略[J].教育现代化,2018,5(33):1-3.

[81]孙翠香.英国学徒制:历史变迁、现实样态与改革动态[J].职教发展研究,2022(3):12-22.

[82]赵志群.基于职业教育学理论学脉的技术技能人才培养新理念:新《职业教育法》学习心得[J].中国职业技术教育,2022(19):5-11.

[83]张敏.美国合作教育实践项目保障制度:现状、特点及启示[J].重庆高教研究,2016,4(6):108-113.

[84]李博.基于"产学官合作"的日本实践型高职教育模式[J].教育与职业,2017(13):104-109.

[85]张珣,李运顺,李国勇.新加坡南洋理工学院"教学工厂"产教融合模式的经验及启示[J].职业技术教育,2021,42(11):76-80.

[86]沈雕,胡幻.以"产学官"合作为代表的日本现代学徒制研究[J].职教论坛,2018(9):171-176.

[87]刘育锋.英国学位学徒制:内容、原因及借鉴[J].中国职业技术教育,2020(36):58-64.

[88]吴潇丽,何璇.日本职业教育产学官合作模式转型升级途径与启示[J].中国高校科技,2022(5):46-52.

[89]高亚凡.高职院校产教融合探究:以新加坡南洋理工教学工厂为例[J].价值工程,2018,37(13):218-220.

[90]徐伊岑.英美现代学徒制人才培养模式比较及启示[J].教育科学论坛,2022(18):19-23.

[91]王妍妍.日本产学官合作的主导辨析[J].黑龙江高教研究,2022,40(9):9-14.

[92]琚敏敏.英国现代学徒制对本土学徒制人才培养模式的启示[J].现代职业教育,2020(16):78-79.

[93]仇新明.20世纪美国合作教育的发展历程与脉络[J].淮阴工学院学报,2017,26(4):80-84.

[94]林健,彭林.美国合作教育认证制度分析及其对我国的启示[J].高等工程教育研究,2017(4):47-57.

[95]蒋慕东,仇新明.美国合作教育的形成、发展及启示[J].江苏教育研究,2022(Z3):114-120.

[96]罗汝珍.职业教育产教融合政策的制度学逻辑分析[J].职业技术教育,2016,37(16):8-13.

[97]徐秀平,高波.基于职业标准的应用型本科酒店管理专业实践课程体系构建研究[J].常熟理工学院学报,2019,33(4):113-119.

[98]张杰.产教融合视角下地方高校应用型人才培养模式改革探究[J].长春教育学院学报,2021,37(2):34-40.

[99]王德国.地方本科高校"产教融合"发展态势与现状分析[J].课程教育

研究,2017(32):221-222.

[100]梁盛,刘澜江,谢雨萍.酒店管理专业"五融五共三层次"进阶人才培养模式的改革与实践[J].中国职业技术教育,2018(25):72-75,87.

[101]周欣,苏炜,夏雯婷.产教融合背景下校企"双元"育人模式的创新与实践:以南京旅游职业学院酒店管理专业为例[J].产业与科技论坛,2019,18(24):134-136.

[102]潘越,罗祺.产教融合背景下酒店管理专业"校店协同"师资培养模式研究[J].中阿科技论坛(中英文),2023(1):128-132.

[103]黄亚芬,邓一彤,陈东,等.地方本科院校与澳门高校旅游教育协同发展探索[J].岭南师范学院学报,2022,43(4):8-16.

[104]范晓玲.贵州省地方本科高校酒店管理专业校外实习满意度调查:以贵州商学院为例[J].创新创业理论研究与实践,2022,5(18):82-84.

[105]吴亚军.本科职业院校深化产教融合:必要性、困境及路径研究[J].中国成人教育,2022(3):25-29.

[106]马小焕.职业院校产教融合模式下各方角色现状研究[J].绿色科技,2019(24):325-326.

[107]陶红,杨阳.广东职业教育产教融合现状及对策研究[J].职业教育研究,2016(5):34-38.

[108]丁佳.高职院校在产教融合型企业建设培育中的融入发展研究[J].现代职业教育,2022(36):70-72.

[109]卢广巨,余莎,胡志敏.利益分析视角下产业学院的发展逻辑与治理策略[J].职业技术教育,2021,42(7):49-53.

[110]张玉红.高职旅游管理专业学生岗位实习中存在的问题及对策研究[J].湖北开放职业学院学报,2023,36(3):82-84.

[111]刘林山,王强.新时代背景下高职教育深化校企合作的瓶颈及对策[J].教育与职业,2018(16):24-29.

[112]马小焕.职业院校产教融合模式下各方角色现状研究[J].绿色科技,2019(24):325-326.

[113]李永生,牛增辉.论产教融合及其深化内容[J].北京教育(高教),2018

(5):19-22.

[114]刘常兴,刘源.高等职业教育产教融合发展及推进策略研究[J].教育理论与实践,2021,41(21):20-23.

[115]丁佳.高职院校在产教融合型企业建设培育中的融入发展研究[J].现代职业教育,2022(36):70-72.

[116]唐飞,孙冲武.企业在产教融合中参与积极性不高的原因分析:以广东地区高职院校为例[J].职业,2018(18):120-121.

[117]丁海波.河南省高校技术转移转化中存在的问题及对策研究[J].河南工学院学报,2022,30(5):65-67.

[118]胡平.杜威的"做"与"思"对职业教育的启示[J].机械职业教育,2019(12):1-4,14.

[119]赵继红.许昌学院:产教融合助推高水平应用型大学建设[J].河南教育(高教),2018(9):76-78.

[120]唐多昌,赵荣秀,陈秀芹.产教融合推进高水平应用型高校建设[J].今日财富(中国知识产权),2020(2):203.

[121]柳友荣,顾永安,郭建如,等.深化产教融合的路径与方法(笔谈)[J].应用型高等教育研究,2021,6(1):9-21.

[122]罗琴,解军.职业院校产教融合的困境与实现路径分析[J].科技风,2021(14):141-142.

[123]吴卫兵,高天星,张昊.地方应用型高校产教融合人才培养模式的研究与实践[J].滁州学院学报,2018,20(1):110-112.

[124]李晓霞.关于科技成果转化工作的思考和建议[J].科技创新与生产力,2021(8):10-12.

[125]刘传雷.高校科技与地方经济发展的关系及融合路径探析[J].大庆社会科学,2016(4):42-44.

[126]郭岩.校企深度合作打造混编"双师型"教学团队的路径创新[J].江苏教育研究,2022(36):64-67.

[127]朱锦晟,吴诗源,朱明慧.酒店管理专业应用型本科学生职业养成研究:以桂林旅游学院为例[J].才智,2018(16):222-223.

[128]刘爱萍."洛桑模式"中国化的探讨[J].当代教育实践与教学研究,
2018(8):118-119.

[129]石笑朋,王欣.中国特色学徒制的研究与实践[J].哈尔滨职业技术学
院学报,2021(6):5-8.

[130]刘爱萍,李强.酒店管理专业应用型本科人才培养模式探析与实践研
究:以桂林旅游学院中外合作办学酒店管理专业为例[J].教育观察,
2017,6(23):46-49.

[131]姜华,姜锐.基于现代学徒制的"前店后院"人才培养模式的创新与实
践:以酒店管理专业为例[J].现代职业教育,2018(31):90-92.

[132]姜华,苏炜,姜锐."前店后院"人才培养模式下实践教学体系的改革与
实践:以南京旅游职业学院酒店管理专业为例[J].文教资料,2018
(17):207-208,200.

[133]陈广,于世春.产教融合视域下应用型人才培养的模式建构研究[J].
高教学刊,2022,8(7):1-6.

[134]孙爱民.基于校店一体的现代学徒制人才培养模式探索:以南京旅游
职业学院御冠酒店为例[J].教育现代化,2018,5(48):30-31,43.

[135]陈兴劼,李正东,李秀玲.发挥国企办学优势 做实产教深度融合:H学
院培养高质量职业技能人才探索实践[J].科技风,2023(7):74-76.

[136]刘恋,赵凯."产教融合,校企合作"典型高职院校人才培养模式分
析[J].现代商贸工业,2020,41(36):66-67.

[137]姜华,姜锐."前店后院"教学模式探索[J].文教资料,2017(29):
202-203.

[138]滕道明.职业院校和企业相向而行打造校企合作发展共同体[J].滁州
职业技术学院学报,2022,21(3):1-9,15.

[139]杜肖寒,高蓓蕗.海南省高星级酒店康乐产品消费者消费行为分析[J].
全国流通经济,2020(21):17-19.

[140]王新国.产教深度融合发展的制约因素及基本路径研究[J].江苏高职
教育,2019,19(3):1-6.

[141]孙爱婷.德国"双元制"职业教育对高职大数据专业建设的启示[J].电

脑知识与技术,2020,16(25):142-143.

[142]蔡莉,王志明,徐兰.职业教育类型化发展的现实要求、实现机理与推进路径:基于现代职业教育高质量发展的背景分析[J].职业技术教育,2022,43(34):20-26.

[143]国家战略与宏观政策[J].天津中德应用技术大学学报,2018(1):6-8.

[144]唐炼文.产教融合背景下高职旅游管理专业课程改革路径探析[J].旅游纵览,2022(23):41-43.

[145]孙爱民.基于校店一体的现代学徒制人才培养模式探索:以南京旅游职业学院御冠酒店为例[J].教育现代化,2018,5(48):30-31,43.

[146]张宁娟,燕新,左晓梅,等.构建科学的符合时代要求的教育评价制度:习近平总书记关于教育的重要论述学习研究之七[J].教育研究,2022,43(7):4-16.

[147]夏舜晖,刘尧.基于OBE的客户关系管理课程教学改革研究[J].湖南邮电职业技术学院学报,2022,21(4):62-65.

[148]李巨银,赵婧婧,李鑫,等.产教融合视域下的江苏省重点产业学院:群像特征与发展启示[J].职业技术教育,2021,42(30):20-25.

[149]陶黎明,李根.基于OBE理念的课程目标达成度分析:以"户外运动理论与实践"课程为例[J].西部素质教育,2022,8(20):156-158.

[150]王卫东,孙月娥,王帅,等.OBE理念下食品科学与工程专业的毕业要求[J].食品工业,2018,39(5):292-295.

[151]刘增辉.青岛酒店管理职业技术学院:以产教融合打造校企命运共同体[J].在线学习,2022(11):59-61.

[152]陶祥兴,章迪平.产业学院产教融合人才培养模式的探索与实践:以浙江科技学院大数据产业学院为例[J].浙江科技学院学报,2021,33(2):163-168.

[153]李静."三教"改革背景下产教融合人才培养模式探索与实践[J].陕西教育(高教),2021(3):44-45.